中国传媒大学中央高校基本科研业务费专项资金资助

语言·文化·传播丛书

中国葡萄牙语教学跨文化能力培养研究

高静然　著

中国传媒大学出版社
·北京·

目　录

> > > CONTENTS

前　言　/ 1

第一章　绪　论　/ 1

第一节　研究基础　/ 1

第二节　研究目标　/ 7

第三节　研究方法　/ 8

第四节　研究意义　/ 10

第五节　研究框架和内容　/ 10

第二章　中国葡萄牙语教学发展概况　/ 12

第一节　葡萄牙语与葡萄牙语国家(地区)简介　/ 12

第二节　中国葡萄牙语教学历史概况　/ 31

第三节　中国葡萄牙语教学的总体现状　/ 36

第四节　葡萄牙语教学在全国外语教学中的重要性　/ 39

第三章　“一带一路”倡议下的中国葡萄牙语教学　/ 43

第一节　“一带一路”倡议对葡萄牙语国家和地区的影响　/ 43

第二节　“一带一路”倡议为中国葡萄牙语教学带来的机遇与挑战　/ 77

第四章　中国葡萄牙语教学的规划与评价系统　/ 80

第一节　高校教学设置　/ 80

第二节　高校评教系统　/ 86

第五章　中国葡萄牙语教学主要教材分析　/ 93
第一节　主要葡萄牙语教材分析　/ 94
第二节　文化教材案例分析　/ 100

第六章　中国葡萄牙语教师访谈　/ 108
第一节　访谈基本方法　/ 108
第二节　访谈结果分析　/ 110
第三节　本章小结　/ 118

第七章　《葡萄牙语专业学生跨文化能力自评问卷》结果分析　/ 121
第一节　问卷概况　/ 121
第二节　被调查者整体情况　/ 122
第三节　量表题目统计结果与分析　/ 125
第四节　量表题目统计结果交叉分析　/ 131
第五节　本章小结　/ 141

第八章　中国葡萄牙语教学在跨文化能力培养方面的现状与前景　/ 144
第一节　现存问题　/ 144
第二节　发展前景　/ 145
第三节　研究的局限性与展望　/ 146

附　录　/ 148
附录一：对高校葡萄牙语教师代表的采访　/ 148
附录二：葡萄牙语专业学生跨文化能力自评问卷（样卷）　/ 166

参考文献　/ 170

前　言

葡萄牙语(以下简称"葡语")是世界第六大语言,其使用者遍布欧洲、南美洲、非洲和亚洲。葡语专业是中国近年来发展迅速的非通用语专业之一。从 1960 年北京广播学院(2004 年 9 月更名为中国传媒大学)开设了中国首个葡语本科专业以来,中国葡语教学已经有 60 多年的发展历史。

葡语国家和地区与中国一直保持着密切友好的合作关系。"一带一路"倡议提出以来,葡语国家和地区表现出了极大的参与热情,纷纷以不同的形式表示欢迎并愿意参与共建"一带一路"倡议。

2018 年 12 月 5 日,葡萄牙与中国签署共建"一带一路"谅解备忘录,成为第一个签署该协议的西欧国家。2018 年中非合作论坛期间,我国与 28 个国家和非洲联盟签署谅解备忘录,包括安哥拉、莫桑比克、佛得角三个重要的非洲葡语国家。2016 年 12 月,圣多美和普林西比与中国恢复了中断近 20 年的大使级外交关系,重归"中非"和"中国—葡语国家"合作大家庭。2018 年 7 月,中国同巴西签署"一带一路"新闻交流合作协议,以期促进双边和多边领域的友好合作,共享"一带一路"发展新机遇。中国澳门地区,由于历史原因,也与葡萄牙语言和文化有着很深的渊源。2019 年 2 月,国家发展和改革委员会与澳门特别行政区政府正式签署《国家发展和改革委员会与澳门特别行政区政府关于支持澳门全面参与和助力"一带一路"建设的安排》,从而实现内地与澳门的互利共赢、协调发展。

"一带一路"倡议下,葡语教学迎来了新的挑战和机遇。2016 年《教育部关于印发〈推进共建"一带一路"教育行动〉的通知》要求"培养大批共建'一带一路'的急需人才"。葡语国家和地区分布广泛,社会历史、地理环境、风俗习惯各不相同，跨文化能力培养是当前形势下葡语教学的重点之一。

本书的主要内容、研究思路和研究结果具体包括以下几个方面。首先，介绍本研究的选题意义和背景，回顾跨文化能力理论并对重要概念进行综述，提出本书的研究目的、方法和框架。其次，介绍我国葡语教学的历史和现状，分析“一带一路”倡议对葡语国家和地区的影响，阐述“一带一路”倡议对葡语教学的影响。之后，本研究选取了8所设有葡语本科专业的高校进行调研，从教学设置和教学评价两方面分析目前葡语教学对跨文化能力发展的影响。本研究选取目前国内葡语专业主要使用的7套教材，针对教材中葡语国家文化内容呈现和跨文化能力培养两方面进行分析。再次，本研究邀请了6名葡语教师进行访谈，针对跨文化能力培养和目前葡语教学的现状进行探讨，并就访谈结果进行综合分析。本研究还对国内葡语专业学生的跨文化能力自评进行了广泛的问卷调查，共收取有效样本378份。从这些样本中对葡语学生在跨文化能力领域内的知识、技能、意识、态度等方面的自评结果进行分析。最后，结合“一带一路”倡议的影响和全球化与多元化形势，总结目前葡语教学存在的不足之处，并预测其发展前景。

本研究得到了中国各葡语高校的大力支持，首先感谢各高校葡语教师和广大葡语学生对本研究所做出的贡献。

感谢我的学生对本研究提供的数据搜集和整理工作，尤其是刘宇轩、王佳帆、李嘉恒、郭淼、吕文屹、王思涵。

在我从事葡语教学工作的十多年间，我的历届学生带给了我无限的成就感和乐趣。感谢他们对我的信任，让我得以充满动力，不断提高自己，去探索新的领域。

感谢我读书和工作期间的师长们，带领我进入葡语学习和相关研究领域。

另外，感谢我的家人和朋友，他们一直以来给予我无私的爱和陪伴。

本书是我从事葡语教学以来的浅薄思考，结合新时代背景与国家“一带一路”倡议所做的一点探索。在撰写过程中，本书参考了大量国内外相关研究资料，书中列出了主要参考文献，如有遗漏，望批评指正。书中分析了国内几所高校葡语专业的课程设置、评教体系和几名高校葡语教师的访谈，为了保护隐私，已隐去学校名称和教师姓名及其所在院校。如行文处理仍有不妥之处，请各位老师指正。

在对目前所使用的主要教材的分析中，本书只针对此次研究的目的——跨文化能力培养——进行探讨，并未涉及教材评价的其他方面。这是基于目前国内广泛使用的基础教材较多，并不是专门的文化教材这一情形而言的。因此，本书的分析结果并不代表所涉及教材的全面评价。

在此，特别感谢葡语届前辈和同行为葡语教学发展和葡语教材编写所做出的卓越贡献，如有曲解或冒犯之处，请各位前辈和同行批评指正。由于本人水平有限，也缺乏相关经验，书中难免有疏漏和不妥之处，恳请前辈、专家、学者、同行、读者予以批评指正。

高静然

2021 年 2 月于北京

第一章
绪　论

第一节　研究基础

一、跨文化能力的内涵

国内外有许多学者从语言学、社会学、人类学等多种角度或交叉学科来研究跨文化能力。国内外学者经常将“跨文化交际能力”等同于“跨文化能力”。[①] 作为交叉学科的“跨文化交际学”，涉及多条跨文化能力的术语，被国内外学者使用，如 Intercultural competence、cross-cultural competence、intercultural communication competence、intercultural communicative competence、cross-cultural communicative competence、跨文化能力、跨文化交际能力、跨文化沟通能力等。本书将采用跨文化能力这个较宽泛的定义。

Ting-Toomey[②] 认为，跨文化能力是交际者与来自其他文化背景的人进行有效协商，以达到满意的结果的过程中所使用到的能力。Chen & Starosta[③]

---

① FANTINI A E. A central concern: developing intercultural competence[C/OL].(2016-01-04)[2019-12-20].http://www.doc88.com/p-9972307146162.htm? r=1.
SPITZBERG B H, CHANGNON G. Conceptualizing intercultural competence[G]//DEARDORFF D K. The SAGE Handbook of Intercultural Competence. Thousand Oaks: SAGE, 2009: 2-52.

② TING-TOOMEY S. Communicative resourcefulness: an identity negotiation perspective[M]//WISEMAN R L, KOESTER J. Intercultural communication competence. Newbury Park: SAGE, 1993: 72-111.

③ CHEN G M, STAROSTA W J. Intercultural communication competence: a synthesis [J]. Annals of the international communication association, 1996(1): 353-383.

提出跨文化能力是交际者在具体语境中协商话语意义、辨析文化身份、进行有效得体交际的能力。高一虹[①]提出跨文化能力不仅包含个体文化知识、交际技能、移情能力的跨越阶段，还包括文化差异意识、灵活性与开放性以及生产性自我认同的超越阶段。

Deardorff[②]认为跨文化交际能力是指建立在个人的跨文化知识、技能和态度基础之上的，在跨文化交际实践中表现出来的，有效而恰当的沟通能力。

Byram[③]提出跨文化能力包含语言技能和社会文化技能，并且给出了如下的理论模型（见图 1-1）。

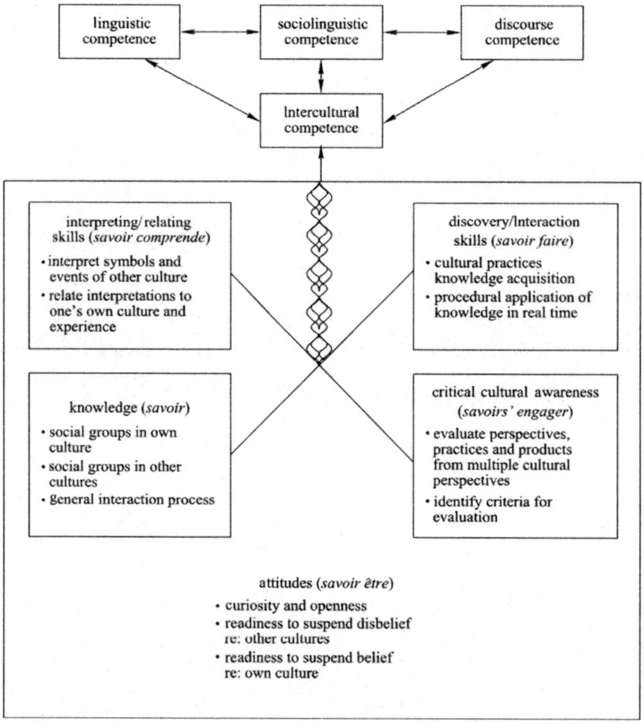

图 1-1 跨文化交际能力模型(Byram,**1997)**

---

① 高一虹. 跨文化交际能力的培养：跨越与超越 [J]. 外语与外语教学，2002(10)：27-31.

② DEARDORFF D K. The identification and assessment of intercultural competence as a student outcome of international education at institutions of higher education in the United States[D].Raleigh：North Carolina State University，2004.

③ BYRAM M. Teaching and assessing intercultural communicative competence[M]. Clevedon：Multilingual Matters，1997.

我们看到 Byram 的理论包括五个方面，涵盖阐释和联系的技能、发现和互动的技能、对本民族和其他民族的个体和社会的认识、批判性文化意识和政治教育、好奇心和开放性态度。

中国也有许多学者提出了跨文化能力模型。文秋芳[①]的模型包括交际能力和跨文化能力两个方面，如图 1-2 所示。

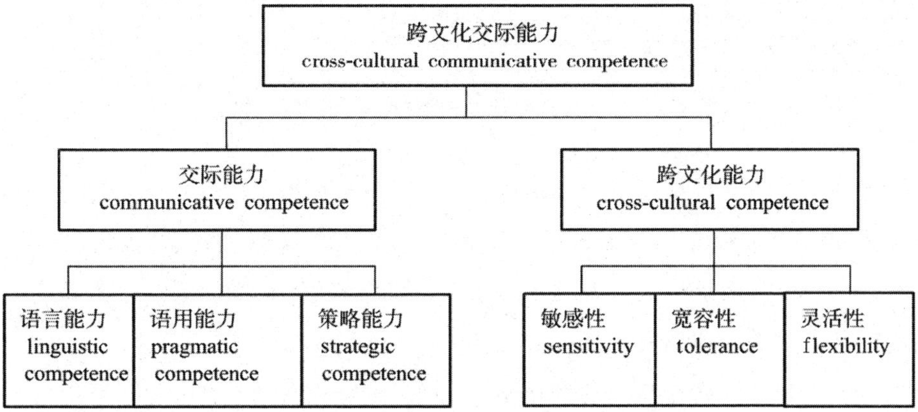

图 1-2 跨文化交际能力模型(文秋芳,1999)

在文秋芳所阐释的跨文化交际能力理论中，交际能力包含语言能力、语用能力、策略能力；跨文化能力包括敏感性、宽容性和灵活性。

钟华、樊葳葳[②]在 Byram、文秋芳的框架基础上进行了发展，提出新的模型(见图 1-3)。

在钟华、樊葳葳的模型中，交际能力包括语言能力、社会语言能力、语篇能力和策略能力；跨文化能力包括技能、知识、态度和意识。

我们生活在全球化[③]与多元化[④]的时代，因此，对于文化和跨文化能力开始有了新的认识。由于文化之间的联系不断加强，影响不断加深，不同文化

---

① 文秋芳. 英语口语测试与教学[M]. 上海：上海外语教育出版社，1999.

② 钟华，樊葳葳.中国大学生跨文化交际能力量具构建的理论框架[J].中国外语教育，2013(3)：19-28.

③ BLOMMAERT J. The sociolinguistics of globalization[M]. Cambridge：Cambridge University Press，2010.

④ VERTOVEC S. Super-diversity and its implications[J]. Ethnic and Racial Studies，2007(6)：1024-1054.

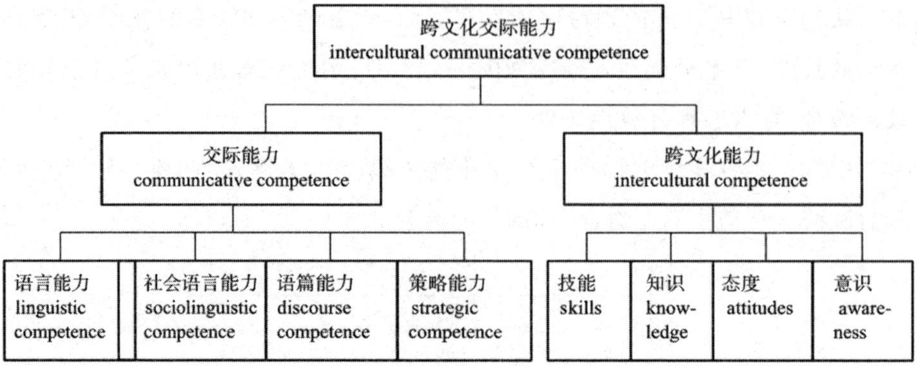

图 1-3 跨文化交际能力模型(钟华、樊葳葳,2013)

的边界也开始变得模糊。文化不能再以国家、地区甚至民族作为区分。Ron Scollon & Suzanne Wong Scollon① 认为文化理解与四个因素有关:意识形态、面子系统、话语形式和社会化。他们从话语角度理解文化,将跨文化交流理解为跨话语体系交流(interdiscourse system communication)。

语言和文化处在长期的变化中,我们在做跨文化研究的时候,不能忽视文化的动态研究。文化是相互开放、相互影响、相互融合的。在全球化和多元化时代,不同文化以前所未有的频率和维度进行着互动,这些互动使文化在开放状态下加快变化和融合。

文化具有多样性和动态性,同时也具有共享性和稳定性。Greet Hofstede、Gert Jan、Michael Minkov② 指出,文化是一种集体性的程序编制,这一编制将一个集体中的成员和另一个集体中的成员区分开。文化是一种集体标签,能够为该集体成员的思维和行为方式做出规范,划分准则。这些都是在长期发展中形成的,具有相对稳定性。在全球化时代,我们不能仅仅以民族、国家或地区来界定族群,个体的学历、职业、生活经历、年龄、所使用的语言等,都可成为重新划分集体的标准。因此,可以不同的标准将每个社会成员划分到不同的集体中。这样的多样性与集体性、动态性与稳定性相对又

① SCOLLON R,SCOLLON S W. Intercultural communication: a discourse approach[M]. 2nd ed. New Jersey:Wiley-Blackwell, 2001.

② HOFSTEDE G, HOFSTEDE G J, MINKOV M. Cultures and organizations: software of the mind[M]. New York:McGraw-Hill, 2010.

共存。

此外,文化具有多层次性。Edward T. Hall① 认为文化存在于三个层次:显性文化、隐性文化和技术性文化。他的观点也被称作文化冰山模型。显性文化就是露出水面的部分,隐性文化则是隐藏于水下的部分。Hofstede② 的文化维度理论,总结出权利距离、不确定性规避、个人主义/集体主义、男性偏向与女性偏向、长期性与短期性、放纵与自我约束六个维度。Alvino E. Fantini③ 指出跨文化能力包括四个方面:知识、技能、态度和意识。潘亚玲④总结出九个文化基本要素:价值观、思维方式、人际关系、时间观、空间观、社会规范、语言、非言语交际、感知与符号象征。

跨文化能力的发展是一个长期的过程。Clackworthy⑤将跨文化能力的发展分为六个阶段。第一阶段为"本地专家"(local expert),是质疑或无知阶段。学习者的行为以本地文化为标准,可以意识到较为表层的文化差异。第二阶段为"旅行者"(tourist),是觉察阶段。学习者意识到文化差异的存在,认识到自身的优势和弱点。第三阶段为"好奇的旅居者"(curious sojourner),是理解阶段。学习者开始深入了解文化差异的内涵和技能发展的实质。第四阶段为"二元文化专家"(bicultural expert),是合成阶段。学习者将本地文化和异地文化进行融合,发展以技能为基础的能力。第五阶段为"综合者"(integrator),是选择阶段。学习者能够融合两种文化,综合已有的技能方法构建跨文化能力。第六阶段为"领导者"(leader),是熟练阶段。学习者能够利用跨文化能力进行国际活动。

在外语教学中,跨文化能力的培养是一个复杂的动态过程。学生从"本地专家"到"领导者"的整个发展阶段,不仅受到课堂教学的影响,而且也深受教

---

① HALL E T. The silent language[M]. New York: Anchor, 1973.

② HOFSTEDE G, HOFSTEDE G J, MINKOV M. Cultures and organizations: software of the mind[M]. Revised and Expanded 3rd ed. New York:McGraw-Hill, 2010.

③ FANTINI A E. A central concern: developing intercultural communicative competence[C/OL]. (2016-01-14)[2019-12-20].https://www.doc88.com/p-9972307146162.htm? r=1.

④ 潘亚玲.跨文化能力内涵与培养:以高校外语专业大学生为例[M].北京:对外经济贸易大学出版社,2016:33.

⑤ CLACKWORTHY D. Training Germans and Americans in conflict management[M]// BERGER M. Cross-cultural team building. New York: McGraw-Hill. 1996.

材选择、课程规划、校际交流等方面的影响。因此,这些方面也将是本研究的具体调研重点。

二、外语教学中跨文化能力培养的重要性

近年来,外语教学越来越重视跨文化能力(Hymes[①];Bachman[②]; Byram[③]; Byram, Gribkova & Starkey[④]; Fantini[⑤]; Gollnick & Chinn[⑥]; Sercu et al.[⑦];高一虹[⑧],2002;戴晓东[⑨];潘亚玲[⑩];王珊,马玉红[⑪];赵瑜,刘云缦[⑫])的培养,跨文化能力的形成是一个动态的过程。[⑬] 在全球化和超多元性背景下,学界对于"文化"有了新的理解,它不再仅仅以国籍或语言来进行划分,而是需要更多地从语境和社会互动中加以全面的理解。所以,对于外语专业的学生来说,接受文化意识(cultural awareness)的培养越来越重要。Michael Byram、Veronica Esarte-Sarries、Susan Taylor[⑭] 强调语言与文化相

① HYMES D H. On communicative competence[M]. Philadelphia: University of Philadelphia Press,1971.

② BACHMAN L. Fundamental considerations in language testing[M]. Oxford: Oxford University Press, 1990.

③ BYRAM M. Teaching and assessing intercultural communicative competence[M]. Clevedon: Multilingual Matters, 1997.

④ BYRAM M, GRIBKOVA B, STARKEY H. Developing the intercultural dimension in language teaching. A practical introduction for teachers[M]. Strasbourg: Council of Europe,2002.

⑤ FANTINI A E. Assessing intercultural competence[M]//DEARDORFF D. The sage handbook of intercultural competence. Thousand Oaks, CA: Sage Publications,2009:456-476.

⑥ GOLLNICK D M, CHINN P C. Multicultural education in a pluralistic society[M]. 9th ed. Upper Saddle River, N.J.: Pearson,2009.

⑦ SERCU L. Foreign language teachers and intercultural competence: an international investigation [M]. Clevedon: Multilingual Matters, 2005.

⑧ 高一虹. 跨文化交际能力的培养:跨越与超越 [J]. 外语与外语教学,2002(10):27-31.

⑨ 戴晓东. 跨文化能力研究[M].北京:外语教学与研究出版社,2018.

⑩ 潘亚玲.跨文化能力内涵与培养:以高校外语专业大学生为例[M].北京:对外经济贸易大学出版社,2016.

⑪ 王珊,马玉红.大学英语教学的跨文化教育及教学模式研究[M].武汉:武汉大学出版社,2018.

⑫ 赵瑜,刘云缦.现代英语教学理论实践与跨文化研究[M].北京:中国纺织出版社,2017.

⑬ FANTINI A E. A central concern: developing intercultural communicative competence[C/OL]. (2016-01-14)[2019-12-20].https://www.doc88.com/p-9972307146162.htm? r=1.

⑭ BYRAM M,ESARTE-SARRIES V, TAYLOR S. Cultural studies in foreign language education [M]. Clevedon: Multilingual Matters,1989.

融合的教学模式，把对文化意识的培养看作是文化教学的核心目标之一。Michael Byram、Veronica Esarte-Sarries、Susan Taylor[①] 指出文化意识的教学应当让学生同时成为研究者和被研究者，让他们通过比较获得一种视野，并在这种比较中获得跨文化能力。文化意识不是指对"本民族文化"和"其他文化"的信息和特征的具体了解，而是"对文化多元性的意识、对差异的宽容态度、对异文化成员的共情能力，以及对自身文化价值观念及行为方式的察觉和反省"[②]。在外语教学中，拥有这种意识不仅意味着应注重目的语文化，而且也意味着应同样重视学习者对本民族文化的反思，注重态度、情感、认知和思辨能力的培养。文化意识的教学鼓励学生从多视角看待问题，培养学生的文化敏感性和移情能力，促使其融通中外文化，增强学生的跨文化协同能力和自主学习能力。

葡语国家和地区参与"一带一路"倡议不仅促进了中国与葡语国家和地区的文化交流与融合，也为中国的葡语教学带来了新的挑战。2016 年《教育部关于印发〈推进共建"一带一路"教育行动〉的通知》要求"培养大批共建'一带一路'的急需人才"。近年来，国内学者对于"一带一路"倡议与外语人才培养模式有一些重要研究。在"一带一路"倡议下，学科建设、课程设置、教材选用、课堂话语、教师和学生的文化意识及身份构建等，均为外语教学与跨文化能力培养现状、前景研究中的重要依据。以客观数据调查为基础的葡语教学与跨文化能力培养研究，不仅对现阶段我国"一带一路"倡议下葡语人才培养具有重要意义，也将为非通用语和整个外语教学发展带来启示。

关于文化与跨文化能力培养，在不同的学科领域均有丰富的研究，由于篇幅有限，本书仅就与本课题直接相关的内容进行了概述。下面几个小节将介绍本书的研究目标、研究方法、研究意义、研究框架和内容。

第二节 研究目标

本书的主要目标是分析"一带一路"倡议下，中国葡语教学在跨文化能

---

① BYRAM M, ESARTE-SARRIES V, TAYLOR S. Cultural studies and language learning: a research report[M]. Clevedon: Multilingual Matters, 1991.

② 高一虹. 跨文化交际能力的培养：跨越与超越 [J]. 外语与外语教学，2002(10)：27-31.

力培养方面所面临的挑战和未来前景。为此，本书提出以下具体的研究目标：

第一，系统梳理"一带一路"倡议对葡语国家和地区的影响；

第二，分析在目前的高校中，本科层次葡语专业的教学设置和教学评价系统所折射出的，有关跨文化能力培养方面的问题；

第三，分析目前高校中，本科层次的葡语专业主要选用的教材在跨文化能力培养方面的情况；

第四，调研高校葡语教师与跨文化能力培养相关的职业背景、学术观点、教学实践等；

第五，调研高校葡语学生的跨文化能力自评情况；

第六，结合"一带一路"倡议背景，分析在目前的高校葡语教学中，关于跨文化能力培养方面所出现的问题和未来的发展前景。

第三节　研究方法

本书的主要研究方法有文献分析法、调查研究法、文本分析法、定量分析和定性分析结合法、访谈法、个案分析法、问卷调查法、对比分析法、总结归纳法等。

在阐述中国葡语教学发展，"一带一路"倡议对葡语国家和地区以及对中国葡语教学的影响这两方面内容时，主要采用文献分析法。文献分析法是指通过搜集、鉴别、验证某一研究主题的相关文献，对文献内容进行系统、客观、量化的分析来获取信息，进而对事实形成科学认识的一种研究方法。文献分析法一般包括四个步骤：确定对象、文献收集、统计分析、得出结论。[①]在本书的第二章和第三章主要应用了文献分析法，确定了葡语国家和地区概况、"一带一路"倡议政策和中国葡语教学发展这三个主要研究对象，在此前提下进行了广泛的文献收集和统计分析，最终呈现了较为完整的综述、分析和结论。

---

① 黄李辉，阮永平．文献分析法在我国管理会计研究中的应用[J].财会通讯，2017(4)：39-43.

在论述中国葡语教学的规划与设置这一内容时，主要用到了调查研究法。调查研究法是指通过考察了解客观情况，直接获取有关材料，并对这些材料进行分析的研究方法。本研究调查了国内8所本科开设葡语专业的高校，获取其教学计划、教学评估体系、师资和学生数量、校际合作情况等有关材料，并对这些材料进行归纳分析。

在对葡语教学过程中所选用的主要教材的分析中，主要用到了文本分析法、定量分析和定性分析结合法。定量分析是依据有关数据信息，通过数学方法来计算出分析对象的各项指标与确切数值。定性分析通常指建立在描述基础上的逻辑分析和推断。本书的第五章和第七章运用了定量分析和定性分析结合的方法，不仅利用数据阐述了主要教材所呈现的文化现象和葡语学生的跨文化能力自评结果，也运用定性方法进行了逻辑分析与推断。

在教师访谈中用到了访谈法和个案分析法。访谈法是指研究者通过单独访谈、小组访谈、电话访谈等方法，直接从被访者处获取信息的方式。本研究第六章采用了结构化的电话单独访谈方式，在采访之前制定了格式化问题清单，包含基本问题和挖掘性问题，将访谈内容控制在预先确定的主题上，以便有效地获取信息。

在葡语专业学生跨文化能力调查中，我们用到了问卷调查法、定量分析和定性分析结合法。问卷调查法是指以实证主义为方法论的一种量化研究方法。它是通过把标准化的问卷分发给有关人员，然后对问卷进行回收整理、统计分析，从而得出研究结果的研究方法。[①] 本书的第七章主要运用了问卷调查法。我们首先设计出葡语专业本科生跨文化能力自评问卷，并通过网络分发给全国范围内的葡语学生，然后对回收的有效问卷进行分析并得出结论。

此外，在本书的第四章和第五章中，也运用了个案分析法和对比分析法。对葡语教学在跨文化能力培养方面存在问题和前景的分析中，我们用到了对比分析法和总结归纳法。

---

① 郑晶晶.问卷调查法研究综述[J].理论观察，2014(10)：102-103.

第四节 研究意义

跨文化研究是国内外相关研究的重要领域，尤其在各地区文化交流增强、经贸与政治往来频繁的全球化背景下更是如此。本研究结合新的学术背景，对跨文化能力的内涵进行深入探讨，对外语教学中跨文化能力培养的重要性进行阐释，对能力培养的阶段和方面进行重新审视，通过文献分析、问卷调查、个案采访、对比分析等多种研究方法的结合，对外语教学中跨文化能力培养的各个方面进行研究，在学术研究上具有一定的创新性。

中国的"一带一路"倡议反响巨大，葡语国家和地区纷纷热烈响应。在这一新的时代背景下，葡语人才的培养生发出了新的要求。本研究对葡语教学现状和前景的分析，具有一定的社会价值。

在葡语教学方面，本课题通过对课堂设置、课堂教学、教材建设、学生发展、教师职业规划等多个具体方面进行研究，具有一定的实践和指导意义。

葡萄牙语是国内非通用语教学的重要方面，近年来发展迅速。葡语教材不断更新，葡语毕业生成绩显著，葡语教师活跃在非通用语学术活动中。因此，葡语教学研究对国内外语教学的整体发展具有重要的借鉴意义。

第五节 研究框架和内容

本书以八章的篇幅，阐述"一带一路"倡议下中国葡语教学中跨文化能力培养的研究。研究构架和基本内容如下表所示：

表 1-1 本书研究构架和基本内容

序号	章节名称	设置目的	主要内容
1	绪论	引出研究问题，介绍研究方法和框架	研究缘起、研究内容和思路、研究方法、研究意义、研究框架
2	中国葡语教学发展概况	介绍葡语国家基本情况和中国葡语教学发展概况，分析葡语教学在全国外语教学中的重要性	葡语简介、葡语系国家和地区简介、葡语相关机构组织简介、中国葡语教学历史概况、中国葡语教学的总体现状、葡语教学在全国外语教学中的重要性

续表

序号	章节名称	设置目的	主要内容
3	“一带一路”倡议下的中国葡语教学	介绍“一带一路”倡议对葡语国家和地区的影响，分析其对中国葡语教学带来的机遇与挑战	“一带一路”倡议对葡语国家和地区的影响（葡萄牙、巴西、安哥拉、莫桑比克、佛得角、几内亚比绍、圣多美和普林西比、东帝汶、中国澳门特别行政区）、“一带一路”倡议对中国葡语教学的机遇与挑战
4	中国葡语教学的规划与评价系统	分析中国葡语教学的规划与评价系统	8个高校的葡语本科专业课程设置情况分析、教学评价体系中对语言能力和跨文化能力培养方面的分析
5	中国葡语教学主要教材分析	分析中国高校主要使用的葡语教材对学生跨文化能力培养方面的要求	就目前中国高校主要使用的葡语教材（大学葡萄牙语、环球葡萄牙语、葡萄牙语综合教程、交际巴西葡萄牙语教程、葡语无国界、21世纪葡萄牙语）出现的文化题材、能力要求进行分析，专门的文化类教材（葡萄牙历史文化）案例分析
6	中国葡语教师访谈	展示教师访谈的分析结果	从受访者对曾留学/海外工作过的国家或地区印象、所在院校针对跨文化能力培养的具体措施、葡语国家文化课程开设情况、具有跨文化能力的学生的特点、跨文化能力培养包含的方面和阶段、对“文化”概念的理解、如今葡语教学存在的问题等几个方面，分析教师受访者的采访数据
7	《葡语专业学生跨文化能力自评问卷》结果分析	展示《葡语专业学生跨文化能力自评问卷》的分析结果	从量表单一题目结果分析和多个题目结果交叉分析两方面，展示葡语专业学生跨文化能力自评情况
8	中国葡语教学在跨文化能力培养方面的现状与前景	分析中国葡语教学在跨文化能力培养方面的现存问题和前景	从课程设置、教学材料、课堂活动、文化认同等方面分析中国葡语教学在跨文化能力培养方面的现存问题和发展前景

第二章 中国葡萄牙语教学发展概况

第一节 葡萄牙语与葡萄牙语国家(地区)简介

一、葡萄牙语简介

葡萄牙语(português),简称“葡语”,是印欧语系罗曼语族下的一种现代语言,发源于中世纪伊比利亚半岛加利西亚王国和葡萄牙王国所使用的拉丁语变体。葡萄牙语以拉丁字母作为书写系统,词汇也主要来自拉丁语,语法系统与西班牙语、意大利语等其他罗曼语族语言近似。葡萄牙语的使用者在世界上分布广泛,按人数来算世界排名第六,约有2.1亿母语使用者,也是南半球使用人数最多的语言。

15和16世纪的航海大发现(Os Descobrimentos)开启了葡萄牙的全盛时期。以恩里克王子(Infante D. Henrique)、瓦斯科·达·伽马(Vasco da Gama)为代表的航海家,带领葡萄牙船队,历经一次又一次的海上探索,建立起众多殖民地,为王国带来巨大财富的同时,也将葡萄牙语传播到世界各地。今天,虽然葡萄牙共和国的影响力不及帝国时期,但是葡萄牙语作为一种世界性的语言,随着各个葡语国家的发展,越来越具有影响力,学习者也逐年增加。

世界上把葡萄牙语作为官方语言的国家有以下8个(按照葡萄牙文名称首字母排序):安哥拉(Angola)、巴西(Brasil)、佛得角(Cabo Verde)、几内亚比绍(Guiné-Bissau)、莫桑比克(Moçambique)、葡萄牙(Portugal)、圣多美和普林西比(São Tomé e Príncipe)、东帝汶(Timor-Leste),其中葡萄牙位于欧洲,巴西位于南美洲,东帝汶位于亚洲,其他五国位于非洲。此外,由于历史原因,中国的澳门特别行政区(Região Administrativa Especial de Macau)也将葡萄牙语作为官方语言之一。

二、葡萄牙语系国家和地区

(一)葡萄牙

葡萄牙共和国(República Portuguesa)位于伊比利亚半岛西端,领土近似长方形,西侧和南侧濒临大西洋,首都为里斯本(Lisboa),总面积约 92 226 平方公里,是亚欧大陆最西侧的国家。除了位于欧洲的本土之外,大西洋北部的马德拉群岛(Região Autónoma da Madeira)和亚速尔群岛(Região Autónoma dos Açores)也是葡萄牙的两个自治区。葡萄牙共和国总人口约 1 034.7 万,[①],其中约 96%是葡萄牙人,约 4%来自其他族裔,约 81%的居民信仰天主教。葡萄牙是发达的资本主义国家,根据国际货币基金组织的统计,2018 年葡萄牙国内生产总值约为 2 379.6 亿美元,人均约 23 175.7 美元,[②]人类发展指数较高。

葡萄牙是欧洲古国之一,1143 年正式从卡斯蒂利亚王国(Castilla)独立成为君主制国家,第一任国王为阿方索一世(Afonso Henriques)。15、16 世纪,葡萄牙在非州、亚洲、拉丁美洲建立大量殖民地,逐步成为海上强国。葡萄牙殖民帝国(Império Português)是世界历史上第一个全球性帝国,其殖民影响从 1415 年葡萄牙占领北非港口休达开始,到 1999 年澳门回归中国为止,长达 5 个多世纪。葡萄牙在 1580 年被西班牙吞并,1640 年摆脱西班牙

---

① População residente (N.°) por Local de residência (NUTS - 2013), Sexo e Grupo etário[EB/OL].(2019-06-04)[2019-12-01].https://www.ine.pt/xportal/xmain? xpid=INE&xpgid=ine_indicadores&contecto=pi&indOcorrCod=0008273&selTab=tab0.

② International Monetary Fund (国际货币基金组织) [EB/OL].(2019-04)[2019-12-01]. https://www.imf.org/external/pubs/ft/weo/2019/01/weodata/weoselgr.aspx.

统治。18世纪末,法国的拿破仑军队入侵葡萄牙,1811年葡萄牙在英国的帮助下赶走法国军队。1820—1910年葡萄牙确立君主立宪制。1910年10月成立第一共和国。1926年5月葡萄牙建立军人政府,开始“新政”。1932年萨拉查(António de Oliveira Salazar)就任总理,实行法西斯独裁统治。1974年4月25日,一批中下级军官组成的“武装部队运动”(Movimento das Forças Armadas)推翻极右政权,开始民主化进程,此次政变又称“康乃馨革命”(又称“四二五”革命)。此后,葡萄牙放弃在非洲的葡属殖民地,正式成为西方民主制度国家。1986年1月1日葡萄牙加入欧洲共同体,1999年成为首批加入欧元区的国家之一。

葡萄牙是议会制共和国,权力机关包括总统、议会、内阁政府,总统依照议会决定任免政府首脑。葡萄牙系联合国、欧盟、北约组织和世贸组织成员。本届政府成立于2019年10月26日,任期4年,是葡萄牙1974年民主革命后的第22届宪法政府,由社会党执政。①

我国和葡萄牙于1979年2月8日建交。建交40多年来,两国在政治、经贸、文化、科技、军事等领域的友好合作关系不断发展。1987年4月,中葡两国政府通过平等协商,就解决历史遗留的澳门问题达成协议并签署了《关于澳门问题的联合声明》,中国于1999年12月20日恢复对澳门行使主权。葡萄牙是第一个同中国正式建立“蓝色伙伴关系”的欧盟国家,是第一个本土重要金融机构发行银联卡的欧洲国家,并即将成为第一个发行人民币债券的欧元区国家,金融领域日益成为中葡“一带一路”合作的重要增长点。②

(二)巴西

巴西联邦共和国(República Federativa do Brasil)是拉丁美洲最大的国家,国土面积约851.9万平方公里,人口2.1亿,位居世界第5位。巴西位于南美洲东部、大西洋沿岸,陆上邻国众多,境内大部分为热带气候,自然资源

---

① 葡萄牙国家概况[EB/OL].(2021-08)[2021-09-01].https://www.fmprc.gov.cn/web/gjhdq_676201/gj_676203/oz_678770/1206_679570/1206x0_679572/.

② 中国驻葡萄牙大使:习近平主席访葡将为共建“一带一路”开辟新空间[EB/OL].(2018-12-04)[2019-12-01].http://fec.mofcom.gov.cn/article/fwydyl/zgzx/201812/20181202813032.shtml.

丰富。巴西的首都巴西利亚(Brasília)位于高原之上。巴西主要城市有圣保罗(São Paulo)、里约热内卢(Rio de Janeiro)、累西腓(Recife)等。根据国际货币基金组织的统计数据,2018 年巴西的国内生产总值位居拉丁美洲第一,约为 1.87 万亿美元,人均 8 968 美元。

巴西的农业、采掘业、制造业和服务业较为发达,劳动力充足,对世界市场的影响力日益扩大,主要出口商品有咖啡、大豆、铁矿石等。巴西的矿产、土地、森林和水力资源十分丰富,工业体系较完备,工业基础较雄厚,实力居拉美首位。巴西可耕地面积逾 27 亿亩,已耕地 7 670 万公顷,牧场 1.723 亿公顷,咖啡、蔗糖、柑橘、菜豆产量居世界首位,是全球第二大转基因作物种植国、第一大大豆生产国、第四大玉米生产国,同时也是世界上最大的牛肉和鸡肉出口国。

1500 年 4 月 22 日,葡萄牙航海家佩德罗·卡布拉尔(Pedro Álvares Cabral)抵达巴西。16 世纪 30 年代葡萄牙派远征队在巴西建立殖民地,1549 年任命总督。1808 年,拿破仑入侵葡萄牙,葡萄牙王室迁往巴西,1821 年迁回里斯本,王子佩德罗留巴任摄政王。1822 年 9 月 7 日,佩德罗王子(D. Pedro I)宣布独立,建立巴西帝国。1889 年 11 月 15 日,丰塞卡(Manuel Deodoro da Fonseca)将军发动政变,推翻帝制,成立巴西合众国。1964 年 3 月 31 日,军人通过政变上台,实行独裁统治。1967 年改国名为巴西联邦共和国。1985 年 1 月,反对党在总统间接选举中获胜,结束军人执政。

巴西是共和制国家,国会是国家最高权力机构,由参、众两院组成。总统兼任政府首脑和国家元首,通过选民投票产生,任期 4 年,可以连任一次。①

1974 年 8 月 15 日,中国与巴西建立外交关系。1993 年,两国建立战略伙伴关系。2012 年,两国关系提升为全面战略伙伴关系。中巴在国际事务中合作密切,在联合国、世界贸易组织、二十国集团、金砖国家、"基础四国"等国际组织和多边机制中合作密切,并就国际金融体系改革、气候变化、可

---

① 巴西国家概况［EB/OL］.(2021-08)［2021-09-01］. https://www.fmprc.gov.cn/web/gjhdq_676201/gj_676203/nmz_680924/1206_680974/1206x0_680976/.

持续发展等重大国际问题保持着良好的沟通与协调。中巴建交以来，双边经贸关系取得长足发展。巴西是我国第八大贸易伙伴国，我国是巴西第一大贸易伙伴和出口对象国。我国主要出口产品有：机械设备、计算机与通信技术设备、仪器仪表、纺织品、钢材、运输工具等，主要进口产品有：铁矿砂及其精矿、大豆、原油、纸浆、豆油、飞机等。

两国在航空航天、信息技术、生物技术、农牧林业、水产养殖、医药卫生、冶金等领域签有合作协议。中巴联合研制地球资源卫星项目被誉为南南合作的典范，已成功发射4颗卫星，卫星采集的数据广泛应用于非洲、南美洲、亚太地区，并免费向非洲、亚洲多国提供图像。双方建有农业联合实验室、气候变化和能源创新技术中心、纳米研究中心、南美空间天气实验室，并正在筹建气象卫星联合中心和生物技术中心。

建交以来，两国文化领域的交流合作不断发展。自1985年起，先后签订了7个年度文化交流执行计划，在音乐、戏剧、杂技、造型艺术、广播、电影、电视、图书、出版等领域开展了一系列交流活动，并先后派出多个政府文化代表团互访。我国教育部在巴西利亚大学和圣保罗大学建有汉语教学点，孔子学院总部在巴西建有10所孔子学院和5所孔子学堂。中国传媒大学和巴西圣保罗亚洲文化中心分别设有葡萄牙语水平考试和汉语水平考试考点。中国社会科学院拉美研究所和北京大学分别设有巴西研究中心和巴西文化中心。①

（三）安哥拉

安哥拉共和国（República de Angola）位于非洲西南部，西临大西洋，北部大部分地区属热带草原气候，南部属亚热带气候，高海拔地区属温带气候。国土面积约为124.7万平方公里，居世界第22位；总人口约3 330万，居世界第50位，主要宗教为罗马天主教。首都罗安达（Luanda）是最大的城市，人口约227.6万。葡萄牙语是安哥拉唯一的官方语言，和当地语言并存

① 中国同巴西的关系[EB/OL].（2021-08）[2021-09-01].https://www.fmprc/gov.cn/web/gjhdq_676203/nmz_680924/1206_680974/sbgx_680978/.

使用。安哥拉土地肥沃，河流密布，发展农业的自然条件良好；石油、天然气和矿产资源丰富，其中，石油和钻石开采是国民经济的支柱产业。安哥拉主要产业还有水泥、建材、车辆组装和修理、纺织服装、食品和水产加工等。根据国际货币基金组织的数据，2018 年安哥拉的国内生产总值约为 1 073.2 亿美元，人均约 3 669 美元，属于发展中国家。

安哥拉历史上曾分属刚果、恩东戈、马塔姆巴和隆达四个王国。1482 年，葡萄牙船队首次抵达这片土地，1576 年在此建立罗安达城。在 1884—1885 年的柏林会议上，安哥拉被划为葡萄牙殖民地。1922 年，葡萄牙占领安哥拉全境，1951 年，安哥拉成为葡萄牙的一个海外省。从 20 世纪 50 年代起，安哥拉先后成立了三个民族解放组织：安哥拉人民解放运动（Movimento Popular de Libertação de Angola，简称安人运）、安哥拉民族解放阵线（Frente Nacional de Libertação de Angola，简称安解阵）和争取安哥拉彻底独立全国联盟（União Nacional para a Independência Total de Angola，简称安盟），并于 60 年代相继开展争取民族独立的武装斗争。1975 年 1 月 15 日，上述三个组织同葡萄牙政府达成关于安哥拉独立的《阿沃尔协议》（*Acordo de Alvor*），并于 1 月 31 日同葡萄牙当局共同组成过渡政府。不久，安人运、安盟、安解阵之间发生武装冲突，过渡政府解体。同年 11 月 11 日，安人运宣布成立安哥拉人民共和国，阿戈斯蒂纽·内图（Agostinho Neto）任总统。

安哥拉独立后长期处于内战状态。在葡萄牙、美国和苏联的推动下，1991 年 5 月 31 日，安哥拉政府与以萨文比（Jonas Savimbi）为首的反对派政党安盟签署《比塞斯和平协议》（*Acordos de Bicesse*）。1992 年 8 月，安哥拉议会决定改国名为安哥拉共和国，并于同年 9 月举行首次多党制大选，安人运获议会选举胜利并在总统选举中领先。安盟拒绝接受大选结果，安哥拉重陷内战。1994 年 11 月，安人运政府与安盟签署《卢萨卡和平协议》（*Protocolo de Lusaka*），但该协议未得到有效落实。为推动和解，安人运于 1997 年 4 月组建了以其为主体，有安盟成员参加的民族团结和解政府，但遭到安盟领导人萨文比的抵制，安盟分裂，安内战继续。2002 年 2 月 22 日，安盟领导人萨文比被政府军击毙。4 月 4 日，安政府与安盟签署停火协议，安结束长达 27 年的内战，实现全面和平，进入战后恢复与重建时期。

自 2002 年内战结束以来，安哥拉国内政局保持稳定，政府致力于推进战后重建事业，采取了有力措施巩固国家和平统一之局面。安哥拉现行宪法于 2010 年 2 月颁布，国民议会是国家最高立法机构，自 1991 年起安哥拉实行多党制。①

中国与安哥拉于 1983 年 1 月 12 日建交。建交以来，两国关系发展顺利。2010 年 11 月，中安建立战略伙伴关系。2018 年 9 月，洛伦索总统（João Manuel Gonçalves Lourenço）来华出席中非合作论坛北京峰会，习近平主席同其会见。2018 年 10 月，洛伦索对华进行国事访问，习近平主席、国务院总理李克强和全国人大常委会委员长栗战书分别同其会谈、会见。近年来，中国向安哥拉提供了一系列经济技术援助，完成了经济住房、罗安达省医院、农村小学校等成套项目的建设。1984 年，中安两国政府签订贸易协定。1988 年两国建立经贸联委会机制。2015 年 4 月，成立中安经贸合作指导委员会并召开首次会议。2015 年 5 月，中安经贸联委会第五次会议在北京召开。安哥拉是中国在非洲的第二大贸易伙伴。2011 年，两国签署劳务合作协定。中国在安国有、民营企业超过 100 多家，在安人员约 4.5 万人。②

（四）莫桑比克

莫桑比克共和国（República de Moçambique）位于非洲东南部，东濒印度洋，隔莫桑比克海峡与马达加斯加相望。国土面积约为 79.9 万平方公里，总人口约 3 040 万，主要宗教为天主教。莫桑比克属热带草原气候，多河流，森林面积约占领土的四分之一，地势大致自西北向东南倾斜，赞比西河斜贯中部地区入海，河以北主要是高原，以南主要是平原，滨海多沼泽、沙洲和红树林。首都马普托（Maputo）也是国家最大的城市。莫桑比克的官方语言是葡萄牙语，还有多种当地语言在日常生活中被广泛使用。莫桑比克与英国

---

① 安哥拉国家概况[EB/OL].（2021-08）[2021-09-01]. https://www.fmprc.gov.cn/web/gjhdq_676201/gj_676203/fz_677316/1206_677390/1206x0_677392/.

② 中国同安哥拉的关系[EB/OL].（2021-08）[2021-09-01]. https://www.fmprc.gov.cn/web/gjhdq_676201/gj_676203/fz_677316/1206_677390/sbgx_677394/.

并无宪制关系，但在1995年加入了英联邦。莫桑比克经济低落，是联合国宣布的世界最不发达国家和重债穷国之一。根据国际货币基金组织的数据显示，2018年莫桑比克的国内生产总值约为144亿美元，人均475.6美元。

莫桑比克的前身是葡属东非，郑和下西洋时最远曾达莫桑比克的贝拉港。1498年3月，葡萄牙航海家达·伽马率领船队到达莫桑比克，当时就有阿拉伯的贸易站在沿海一带设立。自1505年开始，莫桑比克成为葡萄牙的殖民地，葡萄牙在其沿海兴建了许多贸易站和堡垒，并且使它成为非洲东岸航行船只经常停泊的港口。葡萄牙的商人、传教士和探险家深入内地进行活动。到了19世纪初期，当地的奴隶制度才被废止。

经过了近5个世纪的漫长殖民统治后，莫桑比克人民开始政治觉醒，要求独立自主，但是葡萄牙政府对这个殖民地不肯放手，因此，莫桑比克爆发了为期15年的丛林游击战争。莫桑比克解放阵线（简称解阵党）的黑人组织，在他们的首领萨莫拉·马谢尔（Samora Moisés Machel）的领导下，和葡萄牙军队展开了武装斗争。1975年6月25日，莫桑比克正式宣布脱离葡萄牙独立，成立莫桑比克人民共和国。1976年，因反对派莫桑比克民族抵抗运动（简称抵运）反对莫桑比克解放阵线一党专制，爆发内战。1990年12月1日，莫桑比克人民共和国改国名为莫桑比克共和国。独立后，抵运长期进行反政府武装运动。1992年10月4日，莫政府和抵运在罗马签署了和平总协议，从而结束了长达16年的内战。

恢复和平以来，莫桑比克政局长期稳定，政府积极维护民族团结，内外政策较为稳妥务实。莫桑比克共和国议会是国家最高立法机构。总统为国家元首和政府首脑，总理受总统的委托召集并主持部长会议。部长会议是国家最高执行机关，向共和国议会负责。①

莫桑比克为农业国，因受连年内战、自然灾害频发等因素的影响，经济长期困难。自1992年实现和平以来，政府大力调整国内经济结构，改善投资环境，引进外资，加大对农业和农村的投入，加快基础设施建设，倡导增收节

---

① 莫桑比克国家概况［EB/OL］.（2021-08）［2021-09-01］.https://www.fmprc.gov.cn/web/gjhdq_676201/gj_676203/fz_677316/1206_678236/1206x0_678238/.

支，经济恢复性增长较快，年均增长率接近10%。国境内多平原，土壤肥沃，雨量充足，很多土地都可以用作农耕，可是大部分土地都还没有开发。境内农业条件优越，但是农耕技术却十分古老，农村人口占总人口的66.6%。国内森林面积占全国总面积50%，林产资源丰富，但是还没有大量开发。工业主要是加工业，有铝加工、制糖、制茶、粮食及腰果加工、卷烟、榨油、纺织、木材、水泥、炼油、汽车装配、电池及轮胎业等，主要集中在马普托、贝拉和楠普拉等市。

中国与莫桑比克于1975年6月25日建交。建交以来，两国关系发展顺利。2015年12月，习近平主席在中非合作论坛约翰内斯堡峰会期间会见纽西总统(Filipe Jacinto Nyusi)。2016年5月，纽西总统来华进行国事访问并出席首届世界旅游发展大会。2018年9月，纽西总统出席中非合作论坛北京峰会，习近平主席同其会见。建交以来，中方为莫方援建了经济住房、国家体育场、农村学校、农业技术示范中心等34个成套项目、农业技术合作等22个技术合作项目。①

(五)佛得角

佛得角共和国(República de Cabo Verde)是一个位于大西洋中部的群岛国家。它主要由10个火山岛和8个小岛组成，距离西非海岸线570公里，国土总面积约4 033平方公里，总人口约54.6万，其中15.1万(2013年)的人口居住在首都普拉亚(Praia)。该国官方语言为葡萄牙语，民族语言为克里奥尔语(Crioulo)，98%的居民信奉天主教。根据国际货币基金组织的统计数据，2018年佛得角的国内生产总值约为19.7亿美元，人均3 562.7美元。

当葡萄牙人在1456年到达之前，佛得角群岛尚无人居住，之后，该群岛成为葡萄牙帝国的一部分。佛得角群岛位于非洲外海，因此成了重要的港口，也成了重要的奴隶贸易中心。1495年佛德角群岛沦为葡萄牙殖民地，

---

① 中国同莫桑比克的关系[EB/OL].(2021-08)[2021-09-01].https://www.fmprc.gov.cn/web/gjhdq_676201/gj_676203/fz_677316/1206_678236/sbgx_678240/.

1951 年成为葡萄牙海外省。自 1956 年起，在几内亚和佛得角非洲独立党(Partido Africano da Independência da Guiné e Cabo Verde，简称几佛独立党)的领导下，佛得角人民与几内亚比绍人民并肩开展争取民族独立运动。1975 年 7 月 5 日，佛得角宣布独立，成立佛得角共和国，几佛独立党总书记阿里斯蒂德斯・佩雷拉(Aristides Pereira)任首任总统。1981 年，佩雷拉同几佛独立党决裂，另立佛得角非洲独立党(简称独立党)，结束了佛得角同几内亚比绍两国一党的局面。1990 年 9 月，佛得角开始实行多党制。①

与其他非洲国家相比，佛得角政局稳定，从来没有发生过重大政治冲突。现行宪法为佛得角的第二部宪法，于 1992 年 8 月经国民议会通过，9 月 25 日起实施，1995 年 11 月和 1999 年 7 月进行了两次修改。宪法规定，佛得角是一个民主法治的主权国家，实行多元民主和议会制。总统为国家元首，经普选产生，任期五年，可连任一次。政府为国家最高行政机关，向议会负责。总理为政府首脑，由赢得议会选举的执政党或执政党联盟提名，总统任命。

佛得角缺乏天然资源，但由于人口少，政治稳定，单靠旅游业，就足以成为非洲的安逸国家，人民生活水准位居非洲各国前列。除了旅游业外，佛得角的主要经济组成部分还有移民汇款、农业等，主要贸易伙伴为葡萄牙，其他贸易伙伴有欧盟、美国、巴西和中国。佛得角的国民经济以服务业为支柱产业，2020 年服务业产值约占国内生产总值 72%。佛得角粮食不能自给，工业基础薄弱。20 世纪 90 年代初，佛得角开始改革经济体制，调整经济结构，推行经济自由化。独立党重新执政后，提出以发展私营经济为核心的国家发展战略，重点发展旅游业、农业、教育、卫生及基础设施建设。佛得角有 734 265 平方公里的专属经济区，渔业资源较丰富，尚未完全开发利用。捕鱼业在国民经济中占重要地位，从事渔业的人口约 1.4 万，捕鱼量每年可达 3.7 万吨，每年出口海产品约 1 万吨，主要为龙虾、金枪鱼和虾类。服务业在国民经济中占有相当重要的位置，主要包括旅游、运输、商务和公共服务。

---

① 佛得角国家概况[EB/OL].(2021-08)[2021-09-01]. https://www.fmprc.gov.cn/web/gjhdq_676201/gj_676203/fz_677316/1206_677608/1206x0_677610/.

约50%的劳动人口从事服务业。其中,旅游业已成为国家经济增长和就业的主要来源,2018年,旅游业产值约占国内生产总值的46.2%,旅游业就业岗位占全国总就业岗位的40.4%。

中国与佛得角共和国于1976年4月25日建交。建交以来,两国关系发展顺利。中国向佛得角提供了一系列经济技术援助,援建了人民议会堂、政府办公楼、帕尔马雷诺住宅、国家图书馆、国父纪念碑、国家礼堂和泡衣崂水坝等项目。2009年,中佛签署关于成立经济、贸易和技术合作联合委员会的协定。2010年7月,中佛经贸联委会首次会议在北京举行。2020年,中佛贸易额达7 899.9万美元,同比增加23.1%,主要为中方出口。①

(六)几内亚比绍

几内亚比绍共和国(República da Guiné-Bissau)位于非洲西部,包括比热戈斯群岛等岛屿。大陆部分北接塞内加尔,东、南邻几内亚,西濒大西洋,总面积约36 125平方公里,总人口约197万,首都是比绍(Bissau)。几内亚比绍的官方语言为葡萄牙语,通用克里奥尔语。45%的居民信奉伊斯兰教,其余信奉天主教、基督教新教和原始宗教。几内亚比绍是世界上最不发达国家(低度开发国家)之一,根据国际货币基金组织的统计数据,2018年几内亚比绍的国内生产总值约为14.59亿美元,人均839美元。

几内亚比绍曾为非洲古国桑海帝国的一部分,于1879年沦为葡萄牙殖民地。葡萄牙人在1446年宣称现几内亚比绍之地为葡属几内亚,但在1600年前,葡萄牙人仅在该地建立了少量贸易站。葡萄牙人从几内亚比绍地区贩运奴隶至佛得角。当时,虽然葡萄牙人声称对整个几内亚比绍拥有主权,但实际控制范围很有限。19世纪,奴隶贸易的衰微促使葡萄牙人向内陆找寻新利益,他们对内陆的征服十分缓慢,且遭遇激烈反抗。1879年,葡属几内亚从葡属佛得角分开,在此之前,葡属几内亚归葡属佛得角管理。1915年,葡萄牙的殖民运动完成,但零星抵抗直到1936年才停止。1952年,修正

---

① 中国同佛得角的关系[EB/OL].(2021-08)[2021-09-01].https://www.fmprc.gov.cn/web/gjhdq_676201/gj_676203/fz_677316/1206_677608/sbgx_677612/.

宪法后，葡属几内亚殖民地改名为“葡萄牙海外领地”。1956年，几内亚和佛得角非洲独立党（Partido Africano da Independência da Guiné e Cabo Verde-PAIGC）成立。1961年，几内亚和佛得角非洲独立党开始组织武装游击队对抗葡萄牙，到1968年时已控制几内亚比绍的大部分地区。1973年9月24日，几内亚比绍宣告独立。同年11月，联合国大会承认几内亚比绍独立，1974年9月10日，葡萄牙正式承认几内亚比绍独立。

几内亚比绍的首任国家元首、国务委员会主席为路易斯·卡布拉尔（Luís de Almeida Cabral）。独立后，几内亚和佛得角非洲独立党长期一党执政。1980年，部长会议主席若昂·维埃拉（João Vieira）推翻卡布拉尔政府，成立革命委员会并自任主席。1991年，国家改行多党制。但此后几内亚比绍政局一直不稳，发生了多次军事政变，最近一次发生于2012年4月。

几内亚比绍实行半总统制。总统是国家元首，总理为政府首脑。总理、政府成员经议会多数党提名后由总统任命。总统每届任期5年，可连任1次。全国人民议会（Assembleia Nacional Popular da Guiné-Bissau）行使立法权，每年召开4次例会，就国内外重大问题制定法律，并负责监督国家法律的执行。

几内亚比绍是联合国公布的最不发达国家之一。该国工业基础薄弱，粮食不能自给。经济以农业和渔业为主。发放捕鱼许可证和渔产品出口是其主要外汇来源。近年来，几内亚比绍的腰果产量有显著的增加，是世界第八、非洲第五大腰果生产国。截至2020年年底，其外债总额约为3.9亿美元，外汇储备（不含黄金）4.85亿美元。[①]

我国与几内亚比绍共和国于1974年3月15日建交。1990年5月26日，几内亚比绍与台湾建立所谓“外交关系”，5月31日，中国宣布中止同几内亚比绍外交关系。1998年4月23日，中几恢复外交关系。两国保持外交关系期间，中国为几内亚比绍援建了体育场、医院、稻谷技术推广站等项目。1998年两国复交后，中国同几内亚比绍开展多领域务实合作。2020年，双

---

① 几内亚比绍国家概况［EB/OL］.（2021-08）［2021-09-01］. https://www.fmprc.gov.cn/web/gjhdq_676201/gj_676203/fz_677316/1206_677752/1206x0_677754/.

边贸易额达 5 144.8 万美元，同比增长 27.5%，主要是中方向几内亚比绍出口机电产品、高新技术品、纺织品等。①

(七)圣多美和普林西比

圣多美和普林西比民主共和国(República Democrática de São Tomé e Príncipe)位于非洲中西侧的几内亚湾，由圣多美岛、普林西比以及罗拉斯、卡罗索等 14 个小岛组成，距非洲大陆 201 公里，首都为圣多美(São Tomé)，领土总面积约 1 001 平方公里，是非洲第二小的国家。圣多美岛和普林西比岛均属火山岛，当地为热带雨林气候，终年湿热，两岛平均气温为 27℃，1—5 月为大雨季，6—9 月为旱季，10—12 月为小雨季。该国总人口约 21.9 万，90%为班图人，其余为混血种人，主要信仰天主教。圣多美和普林西比原为葡萄牙的殖民地，葡萄牙语是其官方语言。根据国际货币基金组织的统计数据，2018 年圣多美和普林西比的国内生产总值约为 4.5 亿美元，人均2 063 美元。

圣多美和普林西比在 1469 到 1472 年之间被葡萄牙人发现。1493 年，阿瓦卢·卡米尼亚(Alvaro Caminha)在圣多美岛成功建立殖民地，他从葡萄牙王室处得到了这块土地作为赏赐，与之类似，对普林西比岛的殖民也于 1500 年开始。16 世纪中叶，葡萄牙殖民者利用奴隶的劳力，将圣多美和普林西比变成了非洲最重要的砂糖出口地。圣多美岛从 1522 年开始直接受葡萄牙王国统治，普林西比岛则是从 1573 年开始直接受葡萄牙王国统治。17—18 世纪时，圣多美和普林西比被荷兰、法国占领，1878 年起再度由葡萄牙统治，1951 年成为葡萄牙的海外省。1960 年，圣多美和普林西比解放委员会(Comitê pela Libertação de São Tomé e Príncipe)成立，要求无条件独立。该党在 1972 年易名为圣多美和普林西比解放运动(Movimento da Libertação de São Tomé e Príncipe)，1990 年又改名为圣多美和普林西比解放运动一社会民主党(Movimento da Libertação de São Tomé e Príncipe-

① 中国同几内亚比绍的关系 [EB/OL].(2021-08) [2021-09-01].https://www.fmprc.gov.cn/web/gjhdq_676201/gj_676203/fz_677316/1206_677752/sbgx_677756/.

Partido Social Democrata，简称解运党）。1974 年，葡萄牙当局同解运党达成独立协议。1975 年 7 月 12 日，圣多美和普林西比宣告独立，定国名为圣多美和普林西比民主共和国，曼努埃尔·平托·达科斯塔（Manuel Pinto da Costa）任总统。独立后，该国曾长期由解运党一党执政。1990 年 8 月起实行多党制。

圣多美和普林西比是以种植可可等经济作物为主的农业国，是联合国公布的世界最不发达国家之一。其国民经济结构以农业为主，粮食不能自给，粮食进口占进口总额的 17%。主要经济作物有可可、椰干、咖啡、棕榈油等。工业有啤酒厂及砖瓦、饮料、木材加工、制衣、印刷、汽车修理等小厂。有 2 座热电站和 2 座水电站。两岛主要产品有 95% 供应出口。独立后的圣多美和普林西比曾长期实行以国有经济为主的经济政策。1985 年开始，该国实行经济自由化。1987 年实行经济结构调整计划，此后与国际货币基金组织签订了减债和经济增长计划。近年来，圣普政府积极寻求葡萄牙等双边合作伙伴及国际货币基金组织等多边合作伙伴援助，同时采取改善投资环境吸引外资、建设公路等基础设施、发展旅游、寻求海上石油开发等措施，使经济保持一定增长。但由于经济造血能力弱，外来援助和投资有限，加之受新冠肺炎疫情影响等原因，国家财政困难，外汇收入下降，外债高筑，民众生活水平两极分化严重，超过 60% 的人口生活在贫困线以下。①

1975 年 7 月 12 日，中国与圣多美和普林西比建交。1997 年 5 月 6 日，圣普宣布同台湾“建交”；7 月 11 日，中国政府宣布自即日起中止同圣普的外交关系，并停止执行两国政府间一切协议。2013 年 11 月，中国驻圣普联络处挂牌成立。2016 年 12 月 20 日，圣普宣布同台“断交”。同年 12 月 26 日，外交部部长王毅与圣多美和普林西比外交和海外侨民部部长乌尔比诺·博特略分别代表各自政府，在北京签署了《中华人民共和国和圣多美和普林西比民主共和国关于恢复外交关系的联合公报》，决定即日起恢复两国大使级外交关系。1975—1997 年，中国曾向圣普提供经济援助，建成并移交人民

① 圣多美和普林西比国家概况［EB/OL］.（2021-08）［2021-09-01］. https://www.fmprc.gov.cn/web/gjhdq_676201/gj_676203/fz_677316/1206_678452/1206x0_678454/.

宫、竹草编培训中心等 6 个项目。2016 年 12 月复交后，两国于 2017 年 4 月建立了经贸联委会机制，并在 9 月举行首次经贸联委会会议。2017 年，中圣普贸易额约为 700 万美元。2018 年，中圣普贸易额为 730 万美元，其中中方出口 725 万美元，进口 5 万美元。2019 年，中圣普贸易额为 2 033 万美元，几乎全部为我向圣普出口。2021 年 1—5 月，中圣普双边贸易额约 500 万美元。[①]

(八)东帝汶

东帝汶民主共和国(República Democrática de Timor-Leste)是位于东南亚地区帝汶岛东端的国家，曾是葡萄牙在远东的殖民地。国土面积15 007 平方公里，人口 132 万，其中 78%为土著人(巴布亚族与马来族或波利尼西亚族的混血人种)，20%为印尼人，2%为华人。东帝汶的官方语言为德顿语和葡萄牙语，工作语言为印尼语和英语，其中，德顿语是通用语和主要民族语言。在东帝汶，约 91.4%的人口信奉天主教，2.6%的人口信奉基督教，1.7%的人口信奉伊斯兰教。东帝汶的首都为帝力(Dili)，位于帝汶岛东北海岸，是全国的政治、经济和文化中心，全国 80%以上的经济活动在此进行。根据国际货币基金组织的统计数据，2018 年东帝汶的国内生产总值约为30.9亿美元，人均约 2 435 美元。

16 世纪早期葡萄牙开始与帝汶岛进行贸易，并进而对其实行殖民统治，直到 20 世纪中叶，葡对东帝汶岛的殖民宣告结束。1859 年，葡萄牙与荷兰发生冲突并签订条约，割让西帝汶岛给荷兰。“二战”期间，日本于 1942—1945 年占领了葡属帝汶，战败后葡萄牙又恢复了对其统治。葡萄牙政府于 1974 年开始实行非殖民化政策，放弃海外殖民地，导致世界各葡属殖民地纷纷脱离葡萄牙统治而独立。东帝汶于 1975 年 11 月 28 日从葡萄牙独立，成立东帝汶民主共和国，但在 9 天之后马上就被印尼入侵并占领，于 1976 年 7 月成为印尼的东帝汶省(Timor Timur)。1975 年 12 月，联合国大会通过决

---

① 中国同圣多美和普林西比的关系［EB/OL］.（2019）［2019-12-01］.https://www.fmprc.gov.cn/web/gjhdq_676201/gj_676203/fz_677316/1206_678452/sbgx_678456/.

议，要求印尼撤军，呼吁各国尊重东帝汶的领土完整和人民自决权利。1982年联大表决通过东帝汶人民自决的决议。1983—1998年，在联合国秘书长斡旋下，葡萄牙与印尼政府就东帝汶问题进行了十几轮谈判。1998年8月30日，在联合国的监督下，东帝汶举行公民公投，75%的民众投票赞成独立，哈比比总统当日表示接受投票结果。投票后东帝汶亲印尼派与独立派发生流血冲突，局势恶化，约20万难民逃至西帝汶。9月，哈比比总统宣布同意多国部队进驻东帝汶。安理会通过决议授权成立以澳大利亚为首、约8 000人组成的多国部队，于9月20日正式进驻东帝汶，与印尼驻军进行权力移交。10月，印尼人民协商会议通过决议正式批准东帝汶脱离印尼。1999年11月，东帝汶成立具有准内阁、准立法机构性质的全国协商委员会（NCC），2000年7月成立首届过渡内阁，2001年8月举行制宪议会选举，9月15日成立制宪议会和第二届过渡内阁，2002年4月举行总统选举，东帝汶独立运动领袖凯·拉拉·夏纳纳·吉斯芒（Kay Rala Xanana Gusmao）当选。2002年5月20日，东帝汶民主共和国正式成立。

东帝汶独立后，独立革命阵线作为第一大党组建以其为主的首届政府，努力推进司法建设、行政管理、民族和解和经济重建，但民生问题长期突出，民众不满情绪上升。2006年发生建国以来最大规模骚乱。2008年2月发生叛军袭击事件，叛军头目被击毙。自此以后，东帝汶局势一直非常稳定。

东帝汶总统是国家元首和武装部队最高统帅，由全民直接选举产生，任期5年，可连任一届。总理是政府首脑，由议会中拥有最多席位的政党或政党联盟提名，由总统任命。

东帝汶是世界上贫穷落后的国家之一，工业以印刷、肥皂、手帕、纺织为主。耕地面积23万公顷，农业人口占总人口的71.4%。主要农作物为玉米、稻谷、薯类等，粮食不能自给自足，主要经济作物为咖啡、橡胶、椰子等。国家大部分物资都要靠外国援助，虽然，东帝汶政府正在尝试进一步就地发展，但国内的经济状态并不良好，发展结构失衡，严重依赖油气收入和外国援助，非油气经济仅以传统服务业和农业为主。近年来，东帝汶政府把减少贫困和增加就业作为施政重点，逐步增加财政预算，扩大公共支出，鼓励外来投资，以拉动非油气经济增长。[①]

1999年8月，东帝汶举行全民公决并脱离印尼后，中国与东帝汶交往逐步增多。2000年9月，中国在帝力设立大使级代表处。2002年5月20日，东帝汶宣告独立，中国于当日和东帝汶建立外交关系。两国政府签署了《贸易协定》和多项经济技术合作协定，创建了中国和东帝汶经贸联委会，并于2016年3月举行首次会议。2002年8月，中国石油天然气股份有限公司与东帝汶政府就东帝汶油气勘探开发签署了合作谅解备忘录。2010年7月，中方决定对东帝汶输华产品逐步实施零关税待遇。2017年3月，东帝汶正式成为亚洲基础设施投资银行成员国。5月，两国政府签署"一带一路"合作谅解备忘录。[②]

(九)中国澳门特别行政区

澳门(Macau)是中国的两个特别行政区之一，位于南海北岸以及珠江口西侧，北接广东省珠海市，东面与香港特别行政区相距63公里，其余地区与南海邻接。澳门由澳门半岛、氹仔、路氹及路环四个区域组成，氹仔与路环原本分别为两座离岛，2000年后，两地之间填海形成了以赌业为核心产业的路氹城，澳门半岛是澳门的核心，其东北面小部分陆地与中国内地连接。

澳门是欧洲列强在东亚的首个、也是最后一个受殖民统治地区，澳门回归亦标志着帝国主义的终结。澳门自秦始皇三征岭南后归属中国版图，从明中叶1557年开始租借予葡萄牙人，但由明朝政府设置官府管理。1849年，葡萄牙停止向清朝交地租并占领关闸；1887年，葡萄牙与清王朝签订有效期为40年的《中葡和好通商条约》(至1928年期满失效)后，澳门成为葡萄牙殖民地。20世纪80年代，葡萄牙与中国探讨澳门前途，其后于1987年签署《中葡联合声明》，我国于1999年12月20日恢复对澳门行使主权，自此，澳门实行一国两制。

---

① 东帝汶国家概况［EB/OL］.（2021-08）［2021-09-01］. https://www.fmprc.gov.cn/web/gjhdq_676201/gj_676203/yz_676205/1206_676428/1206x0_676430/.

② 中国同东帝汶的关系［EB/OL］.（2021-08）［2021-09-01］. https://www.fmprc.gov.cn/web/gjhdq_676201/gj_676203/yz_676205/1206_676428/sbgx_676432/.

澳门文化为中华文化的一环,但因葡萄牙人居留澳门四百年,因而构成了澳门独有的土生葡人文化,在语言、文学、宗教、民俗、建筑、饮食等方面,融合出中西合璧的独特文化。中文和葡萄牙文是澳门现行的官方文字。粤语是澳门居民日常生活使用的方言,此外,英语在澳门作为商业用语和部分学校之教学语言而流行。文字方面,澳门社会日常主要使用繁体中文,其中土生葡人会以葡萄牙文作为主要文字。

三、葡萄牙语相关机构组织

(一)葡萄牙语国家共同体

葡萄牙语国家共同体(Comunidade dos Países de Língua Portuguesa,缩写为 CPLP)创建于 1996 年 7 月 17 日,是一个由以葡萄牙语为官方语言的国家组成的友好论坛,总部设在葡萄牙首都里斯本。8 个以葡萄牙语为官方语言的国家是其成员国:安哥拉、巴西、佛得角、几内亚比绍、莫桑比克、葡萄牙、圣多美和普林西比、东帝汶。2014 年 7 月 23 日,在东帝汶举行的第十届葡语国家共同体首脑会议上,赤道几内亚(Guiné Equatorial)被正式接纳为成员国,成为该组织的第 9 个成员国。除成员国外,葡语国家共同体还有毛里求斯(Maurício)、塞内加尔(Senegal)、格鲁吉亚(Geórgia)、日本(Japão)、土耳其(Turquia)等 18 个观察国。

葡语国家共同体的工作目标有以下几点:促进成员国之间的政治交往,加强各成员国的国际地位;促进成员国在多个领域内的合作,包括教育、卫生、科技、国防、农业、通信、司法、公共安全、文化、体育等领域;在世界范围内宣传并推广葡萄牙语文化。①

葡语国家有超过 2.23 亿的人口遍布全球,他们有相似的文化及共同的历史。葡语国家共同体成员国的领土总面积超过 1074.2 万平方公里,比加拿大还大。自成立起,共同体就帮助圣多美和普林西比、几内亚比绍解决国内政变问题,并帮助两个国家进行经济重建(如圣多美和普林西比)及民主

① 葡萄牙语国家共同体 [EB/OL].[2019-12-01].https://www.cplp.org.

重建(如几内亚比绍)。共同体的领导人相信安哥拉和莫桑比克以及东帝汶的独立有助于共同体的长远发展及多边合作的加强。在非洲葡语国家中,葡语作为政府等官方机构的工作用语,意味着讲葡语的非洲国家人民可以与世界上其他地方的人进行工作与交流。许多非洲国家将葡语列为学校必修课,从而使年轻人可以说一门世界性的语言,并使他们在今后的生活中获益。

(二)南方共同市场

南方共同市场(Mercado Comum do Sul,简称 Mercosul)是南美地区最大的经济一体化组织,也是世界上第一个完全由发展中国家组成的共同市场。1991 年,巴西、阿根廷、乌拉圭及巴拉圭四国签订《亚松森条约》,并于 1994 年增修《黑金市议定书》,确立南方共同市场组织架构。南方共同市场先后接纳智利、玻利维亚、秘鲁、厄瓜多尔、哥伦比亚等国为联系国。成立宗旨为促进协定国之间的自由贸易及资本、劳动、商品的自由流通。该经济一体化组织集合了超过 2.7 亿的人口,并且根据国际货币基金组织的统计,会员国的年平均国内生产总值之和超过了 3 万亿美元,使得南方共同市场成为世界第五大经济体,也是世界第四大贸易区。

(三)非洲联盟

非洲联盟(União Africana)简称非盟,包涵了 55 个非洲国家,是集政治、经济和军事于一体的全非洲性政治实体。此联盟的主要目的是帮助稳固及发展非洲的民主、人权,以及永续发展经济,除此之外亦希望减少非洲内部的武装战乱及创造一个有效的共同市场。非洲联盟于未来有计划统一使用货币、联合防御力量以及成立跨国家的机关,这包括成立一个管理非洲联盟的内阁政府。非洲联盟的前身是 1963 年在埃塞俄比亚首都亚的斯亚贝巴成立的“非洲统一组织”,2002 年 7 月在南非改组。2017 年,在第 28 届非盟首脑会议上,摩洛哥获得了 54 个成员国中的 42 国同意,时隔 33 年重新成为该组织成员国,至此,非洲联盟已涵盖所有非洲主权国家。

(四)中国一葡语国家经贸合作论坛(澳门)

"中国一葡语国家经贸合作论坛(澳门)"[Fórum para a Cooperação Económica e Comercial entre a China e os Países de Língua Portuguesa (Macau),简称中葡论坛]于 2003 年 10 月在澳门创立,由中国中央政府(商务部)发起并主办,澳门特区政府承办,安哥拉、巴西、佛得角、几内亚比绍、莫桑比克、葡萄牙、圣多美和普林西比、东帝汶等 8 个葡语国家共同参与,以促进经贸与发展为主题的非政治性政府间多边经贸合作组织。旨在发挥澳门联系中国与葡语国家的平台作用,加强中国与葡语国家之间的经贸交流,促进中国内地、澳门和葡语国家的共同发展。根据 2003 年第一届部长级会议通过的《经贸合作行动纲领》,与会国政府同意在澳门设立中葡论坛常设秘书处,并于 2004 年 4 月正式成立,执行和落实部长级会议的各项决定。

自中葡论坛成立以来,与会各方在政府间合作、贸易、投资、人力资源、农业与渔业、发展援助等领域的合作取得了积极成果,强化了澳门作为中国与葡语国家经贸合作的平台作用,提升了澳门的国际影响力,促进了澳门产业适度多元发展。[①]。

第二节　中国葡萄牙语教学历史概况

在魏源"师夷长技以制夷"思想的指引下,中国人与其他民族沟通、学习外语的历史可以追溯到清朝时期。1978 年,在改革开放的背景下,中国的外语教学得到了实质性的发展。

据统计,中国大约有 3 亿人学习外语,如何科学化地、与时俱进地进行外语教学无疑是国家和广大教师面临的一项重大挑战。随着中国国际化水平的提高和经济、科技、教育的发展,外国人来华学习、工作、旅游、定居的机会和案例越来越多。近年来,中国主办了很多大型赛事、展览、学术或商业会议,包括 2008 年北京奥运会、2010 年上海世博会、2016 年 G20 杭州峰会等。

---

① 中葡论坛简介[EB/OL].[2019-12-01].http://tag.mofcom.gov.cn/article/zt_zp2003/.

这些重要的场合会迎来世界各地的参与者，为了更好地应对这些场面，培养掌握各种外语的专业人才是国家的一项重要任务。

40 多年来，中国一直坚持对外开放，从封闭转变成国际化。从封闭化国家的视角看，外语教学主要是为外交、军事、安全和翻译等有限领域培养人才，仅培训少数掌握外语的专业人员就可以轻松满足需求。但是在国际化背景下，国家发展对外语的需求是多方面的，掌握外语以进行外语服务甚至外语生活越来越具有必要性。对外开放政策让中国走向世界，也让世界了解中国。作为最大的发展中国家，中国承担着越来越多的国际责任。

一、1949 年以前中国的葡萄牙语生态

从历史角度看，葡萄牙语和中国的关系离不开澳门，澳门地区作为中国同众多葡语国家进行商贸活动的窗口，至今仍然发挥着重要作用。

1514 年，葡萄牙舰队到达并停泊在屯门地区（今属香港特别行政区）。1553 年，一队葡萄牙商船以在海上遭遇了风暴为借口，想要在濠镜（今澳门）晾晒被水浸湿的货品。广东当局令其支付一定的银两，便允许船队在濠镜停泊。此后，葡萄牙人渐渐取得了在澳门居留并管理当地事务的权利，葡萄牙和澳门的这一关系一直持续到 20 世纪末。

1557 年，中国政府最终批准葡萄牙人在澳门永久定居，并给予他们程度较高的自治权。作为交换，葡萄牙有义务每年向中国政府支付租金和相关税款。这一决定体现了中国政府依然认为澳门是中国不可分割的一部分。

第一次鸦片战争（1840—1842 年）之后，由于清政府的腐败，中国对部分西方国家的依赖程度逐渐加深。居住在澳门的葡萄牙人利用这个机会入侵澳门周边地区，扩张势力范围。第二次鸦片战争后，1887 年，葡萄牙殖民者迫使清政府签署了《中葡和好通商条约》，其中规定中国授予葡萄牙管理澳门的权利。该条约的签订是澳门命运的转折点，葡萄牙从那时起占领了澳门，并通过外交手段将其转变为具有特定行政功能的地区。

1999 年 12 月 20 日，中华人民共和国收回澳门地区的主权。作为东亚第一块被欧洲国家管理过的土地，澳门见证了 400 多年来中国文化与西方文

化交流的历史。2005年，澳门历史城区被联合国教科文组织正式列入世界遗产名录。

葡萄牙人不仅在澳门留下了他们的文化，也留下了葡萄牙语。澳门街道的名称有两个版本：一个是繁体中文，另一个是葡萄牙文。澳门特别行政区的官方语言有中文和葡萄牙文两种，当地的公交车会使用普通话、粤方言、葡萄牙语、英语四种方式报站。除此之外，有很多葡属澳门时期就住在澳门的葡萄牙人，在澳门回归以后依然留在这里生活，并建立了自己的社区。他们之中有些人与中国人结婚生子，葡萄牙语在澳门当地被保留了下来。

回归后，"一国两制"政策允许澳门特别行政区沿用原有的经济体制并保持高度自治。今天的澳门是一个国际自由港，是全球人口最稠密的地区之一，也是世界四大赌城之一。此外，著名的轻工业、旅游业、酒店业和博彩业都有助于澳门持续发展为一个更富裕的地区。澳门特别行政区日益增强的影响力和国际声誉，在提高中国的国际地位、增强外国人了解中国的意愿等方面持续发挥着积极的作用。相应地，内地努力发展着与澳门特别行政区的交流，并不断密切双方关系。在内地与澳门特别行政区交流的进程中，葡萄牙语成为不可缺少的一环，澳门的教育机构利用其语言优势为内地的葡语教学发展和相关教师的培养持续做出贡献。

二、中国葡萄牙语教学的早期发展

中国葡语教学的发展可分为三个阶段：起步阶段、停滞阶段以及恢复教学后的快速发展阶段。

1949年，中华人民共和国成立，国家为了扩大外交，除了把英语和俄语定为中学教育的必修课外，还实施了一系列政策来培训外语教师、笔译员和口译员，以满足政治外交领域的大量需求。当时国家在几所大学开设了外语课程，其中就包括葡萄牙语的本科课程。在新中国成立后的10年内，国家没有葡萄牙语笔译或口译员，也没有教授这门语言的机构。为了维系中国共产党与葡萄牙、巴西的同类政党之间的关系，中国使用西班牙语或英语的口译员和笔译员与对方进行交流。此外，在重大国际问题方面，当时的中国强烈依赖苏联，这使得中国与外界沟通的语言主要是俄语，缺少掌握其他外语的专业型人才。①

1960 年，北京广播学院(Instituto de Radiodifusão de Pequim。今中国传媒大学，Universidade de Comunicação da China)开设了新中国第一个葡萄牙语本科专业。由于当时教师资源稀缺，苏联派遣了一名巴西教师马拉·玛索基尼(Mara Mazozini)协助北京广播学院教授葡萄牙语，马拉·玛索基尼成为中国葡萄牙语专业的第一位外籍教师。4 年后有 18 名学生顺利毕业并取得学位。北京广播学院又于 1964 年招收了一届葡萄牙语本科生，开设了一个班；1965 年则开设了两个葡萄牙语班。来自安哥拉、巴西和葡萄牙的教师给这些学生授课。北京广播学院在 20 世纪 60 年代培养了约 90 名葡萄牙语专业的本科生。之后，北京广播学院停止葡萄牙语专业招生，直到 2000 年才恢复。

北京外国语学院(Instituto de Língua Estrangeira de Pequim，1994 年更名为北京外国语大学，Universidade de Estudos Estrangeiros de Pequim)在 1960 年也开设了葡萄牙语课程，并于次年(1961 年)开办葡萄牙语本科专业。1992 年之前，每四年一招生。1992—1998 年，每两年一招生。自 1998 年起，北京外国语大学的葡语专业每年均招生(2001 年和 2006 年除外)。可以说，北京广播学院和北京外国语学院是第一批开设葡萄牙语课程的大学。

1977 年全国高等教育入学考试(高考)重新规范了起来并再次施行。同年上海外国语学院(Instituto de Estudos Estrangeiros de Xangai。1994 年更名为上海外国语大学，Universidade de Estudos Estrangeiros de Xangai)开办了葡萄牙语本科专业。上海外国语学院于 1977 年开设葡语本科专业，首届招生 10 人。1985—2000 年间，上外葡语专业每四年一招生，每班 10—15 名学生；2000—2004 年间，每两年一招生；自 2004 年起每年均招生。上海外国语大学对于中国的葡语教学发展也起到了十分重要的作用。

---

① LIU G. 2013. Planeamento do ensino do Português Língua Estrangeira na República Popular da China, monografia apresentada ao Seminário de Multilinguismo e Política Linguística [D]. Lisboa: Universidade de Lisboa, 2013.

中国第一批葡语专业的本科生毕业后，大多数都去了国家机关和事业单位，如外交部、中国国际广播电台等。和进入国家部门工作的第一批葡语专业毕业生相比，上外的第一批葡语毕业生则更倾向于留在上海及周边地区发展，因为这些地区在经贸领域有更广阔的平台。①

三、2000 年以来中国葡萄牙语教学的发展

直至 2000 年，除了澳门的两所高等教育机构——澳门大学和澳门理工学院外，北京外国语大学、上海外国语大学和中国传媒大学（2004 年 9 月更名）是中国内地仅有的三所开设葡语本科专业的高校。但从 2005 年起，葡语专业得到了迅速发展，许多其他的高校也纷纷开设该专业。

北京广播学院于 2000 年恢复了葡语本科专业招生，于当年招收 33 名学生。到 2004 年毕业时有 32 人获得了该专业的本科学位。中国传媒大学当时只有一名原为中国国际广播电台的翻译作为葡语教师。教学方面虽然困难重重，但学校能积极同葡萄牙方面、同澳门理工学院展开合作，以解决困境。2000 级葡语专业学生在 2002/2003 学年（大三）分成两组，其中 15 人在东方基金会（Fundação Oriente）的资助下前往葡萄牙科英布拉大学（Universidade de Coimbra）修读为期一年的葡萄牙语语言及文化，另外 17 人在东方葡萄牙学会（IPOR）的支持下前往澳门理工学院和澳门大学学习。自 2002 年以来，北京广播学院（2004 年后为中国传媒大学）的葡语本科专业每年均招生（2005 年、2011 年、2013 年除外）。该专业的本科毕业生大多数活跃在国家机关、大型国企和媒体行业，例如中央广播电视总台、新华社、人民网等。

北京外国语学院自 1961 年开设葡萄牙语本科专业以来，一直在中国的葡语教学领域发挥着重要作用。北京外国语大学的大部分葡语专业毕业生投入到了国家部门的工作中，例如教育部、外交部、文化部、商务部等。北京外国语大学已培养了数百名葡语专业毕业生，成为中国葡萄牙语教学经验

---

① ZHENG S. O ensino da língua portuguesa na China: caracterizac,ão da situac,ão actual e propostas para o futuro[D]. Braga: Universidade do Minho, 2010.

最丰富的大学之一。上海外国语大学的葡语专业则对中国南方市场的葡语人才输入起着重要作用。

自2005年以来，越来越多的大学开设葡萄牙语本科专业。2005年，天津外国语大学(Universidade de Línguas Estrangeiras de Tianjin)和北京第二外国语学院(Universidade de Estudos Internacionais de Pequim)开设葡萄牙语专业，每届有学生16—24人；北京大学(Universidade de Pequim)于2005年开设葡萄牙语选修课程，并从2007年起开始教授葡萄牙语本科课程，第一届共有10名学生。2007年，西安外国语大学(Universidade de Línguas Estrangeiras de Xi'an)也开设葡萄牙语专业，第一届招生28人。大连外国语大学(Universidade de Línguas Estrangeiras de Dalian)于2008年开设葡萄牙语本科专业，首届招生20人。2009年，哈尔滨师范大学(Universidade Normal de Harbin)和对外经济贸易大学(Universidade de Economia e Comércio Internacional)也开设葡萄牙语本科专业，首届分别招生20人和11人。①

2010年之后，葡萄牙语专业发展更加迅猛。北京语言大学(Universidade de Lingua e Cuatura)、四川外国语大学(Universidade de Estudos Estudos Estraneiros de Sichuan)、湖北大学(Universidade de Hubei)、南开大学(Universidade de Nankai)等50余所高校开设了葡萄牙语专业或课程。国内的葡语教学迎来了前所未有的发展契机。

第三节 中国葡萄牙语教学的总体现状

开设葡萄牙语专业的高校可以分为两类：一是综合性高校，如北京大学、对外经济贸易大学等，约占总数的31.5%；二是语言类高校，如北京外国语大学、上海外国语大学等，约占总数的68.5%。

表2-1是我国目前开设葡萄牙语专业或葡萄牙语课程的高校。该表根

① ZHENG S. O ensino da língua portuguesa na China: caracterizac,ão da situac,ão actual e propostas para o futuro[D]. Braga: Universidade do Minho, 2010.

据教育部①、澳门理工学院②、巴西驻华大使馆教育处③、上海外国语大学④的数据整理而成，不排除有遗漏：

表 2-1　中国开设葡萄牙语专业或课程的高校

序号	学校名称	城市	开办年份	办学层次
1	中国传媒大学(原北京广播学院)	北京	1960	本科
2	北京外国语大学(原北京外国语学院)	北京	1961	本科、硕士
3	上海外国语大学(原上海外国语学院)	上海	1977	本科、硕士
4	澳门大学	澳门	1990	本科、硕士、博士
5	澳门理工学院	澳门	1991	本科、硕士、博士
6	天津外国语大学	天津	2005	本科、硕士
7	北京第二外国语学院	北京	2005	本科
8	中国传媒大学南广学院	南京	2005(2019 停)	本科
9	西安外国语大学	西安	2007	本科
10	北京大学	北京	2007	本科、硕士
11	哈尔滨师范大学	哈尔滨	2008	本科
12	吉林外国语大学	长春	2008	本科
13	对外经济贸易大学	北京	2009	本科
14	大连外国语大学	大连	2008	本科、硕士
15	广东外语外贸大学	广州	2009	本科
16	解放军信息工程大学	洛阳	2008	本科
17	河北外国语学院	石家庄	2013	专科、本科
18	山东外事职业大学	济南	2009	专科
19	北京城市学院	北京	2010	选修

---

① 关于公布2018年度普通高等学校本科专业备案和审批结果的通知[EB/OL].(2019-03-25)[2019-04-05]. http://www.moe.edu.cn/srcsite/A08/moe_1034/s4930/201903/t20190329_376012.html.

② ADELINA C, SUN Y. Retrado actual do ensino e certificação de PLNM no ensino superior da China[M]//LEI N L. Livro Azul-Relatório sobre o ensino do português em instituições em ensino superior na China (1960-2020). Macau: Instituto Politécnico de Macau. 2020:21-27.

③ Ensino de PLE na China (中国的葡萄牙语教学)[R].北京:巴西驻华大使馆教育处,2021.

④ 徐亦行.中国葡萄牙语教学点情况汇总[C].非通用语专业留学工作推动会议.天津:天津外国语大学,2019.

续表

序号	学校名称	城市	开办年份	办学层次
20	北京语言大学	北京	2011	本科
21	四川外国语大学	重庆	2012	本科
22	澳门科技大学	澳门	2012	本科、硕士
23	浙江外国语学院	杭州	2013	本科
24	河北传媒学院	石家庄	2014	本科
25	海南外语职业学院	文昌	2012	专科
26	山东师范大学	济南	2014	本科
27	北京交通大学	北京	2015	本科
28	湖北大学	武汉	2016	本科
29	浙江越秀外国语学院	绍兴	2015	本科
30	兰州交通大学	兰州	2012	本科
31	江西外语外贸职业学院	南昌	2012	专科
32	江西理工大学应用科学学院(转设为赣南科技大学)	赣州	2016	本科
33	北京师范大学	北京	2013	其他
34	澳门圣若瑟大学	澳门	2013	本科、硕士、博士
35	四川外国语大学成都学院	成都	2015	本科
36	福建师范大学	福州	2015	本科(英葡专业)
37	湖南外国语职业学院	长沙	2009	专科
38	中山大学新华学院	广州	2017	本科
39	中山大学	珠海	2006	选修
40	南开大学	天津	2017	本科
41	北京体育大学	北京	2018	本科
42	上海电力学院	上海	2017	选修
43	广东外语外贸大学南国商学院	广州	2016	本科
44	暨南大学珠海分校	珠海	2016	选修
45	黑龙江外国语学院	哈尔滨	2019	本科
46	河北大学	保定	2019	本科
47	四川外国语大学重庆南方翻译学院	重庆	2018	本科
48	安徽师范大学	芜湖	2020	本科
49	清华大学	北京	2019	选修

续表

序号	学校名称	城市	开办年份	办学层次
50	北京师范大学珠海分校	珠海	2011	选修
51	澳门城市大学	澳门	2019	本科、硕士、博士
52	香港大学	香港	2003	选修
53	四川师范大学	成都	2013	其他
54	四川轻化工大学	自贡	2020	本科
55	华东交通大学	南昌	2020	本科
56	贵州财经大学	贵阳	2020	本科
57	河南大学	开封	2018	选修
58	湖南师范大学	长沙	2020	选修

从地理分布来看，首都北京集中了大量开设葡萄牙语专业的高校，除了澳门、广州、上海、天津、四川外，其他每个城市基本上会有一所开设葡萄牙语专业（课程）的高校。从分布特点上可以发现，这些高校主要分布在经济较发达的东部沿海地区。

第四节　葡萄牙语教学在全国外语教学中的重要性

葡萄牙语在世界诸多语言体系中独具特色。8个葡语国家分布在全球4个大洲，人口总规模达到2.5亿。葡语国家既有深厚的语言文化共性，同时也存在着巨大的国别差异，这给它们彼此提供了很大的互补性合作空间。中国的澳门特别行政区历史上曾是葡萄牙的殖民地。中葡合作机制的建立，不仅为葡语国家和地区提供了重大发展机遇，同时也为中国在国际产能合作、企业“走出去”以及世界新秩序构建等方面创造了一个不可多得的理想载体。

在“一带一路”倡议的指引下，中国与葡语国家的关系不断拉近，合作项目遍布能源、通信、食品、人造卫星、基础设施建设等领域。除此之外，澳门特别行政区作为连接中国和葡语国家的桥梁，充分发挥自身优势，牵头成立了中国一葡语国家经贸合作论坛，积极促进政府间的多边合作。在此背景下，葡语教学蕴含着巨大的发展潜力，其重要性也日益凸显。葡语专业的学生就业方向多样，毕业后可进入政府部门、经贸、文化、教育、旅游等各个领域。

一、中国与葡萄牙语国家外交关系长期健康、稳定发展

2016 年，圣多美和普林西比与中国恢复外交关系，至此，全部葡语国家与中国建立了外交关系。中国与葡语国家在政治、经贸、文化等领域的合作成果丰硕，在国家和地区事务中相互支持，密切配合。中国与各葡语国家的关系是目前各自最重要的双边关系之一。

中国与巴西本来就有着相当深入、全面的双边合作关系，借助当前葡语国家间的两大国际合作机制，中巴两国的亲近感和同心力更强。2012 年 6 月，中巴关系正式升级为全面战略伙伴关系。双方领导人共同声明，“需对当前全球治理机构进行改革，以适应新型国际秩序的要求”。中国和巴西在政治、经济等领域的双边合作，必然会进一步扩大到整个葡语世界。

葡萄牙与中国的外交关系一直非常健康、稳定。2005 年，中葡两国还正式建立了全面战略伙伴关系。下一步，中国与葡萄牙将以澳门为载体，共同承续并经营好这份共属的历史文明遗产。2014 年，葡萄牙总统席尔瓦访华，李克强总理与其会面，双方领导人共同表示，愿意拓展双边各领域的合作，共同开拓第三方市场，将中葡经贸合作论坛做大做强。

澳门特别行政区的地理面积只有 33 平方公里，是葡语世界里最小的一个行政区域。然而，澳门的背后有着整个中国的国力支撑。中国作为世界第一人口大国和世界第二大经济体，它参与为葡语国家间的合作与发展提供了强大动力。目前，从中葡经贸合作论坛的设立和运行即可看出，中方在葡语国家合作方面发挥了举足轻重的作用。

二、中国与葡萄牙语国家经贸合作日益加强

2017 年以来，世界经济形势整体改善，各主要经济体进入复苏轨道，国际市场需求整体回升。世界总体经济形势的稳步向好，为全球贸易复苏提供了支撑。中国经济复苏显著，继续保持高质量增长，延续了稳中有进、稳

中向好的发展态势，成为带动世界经济前行、推动国际贸易自由化的主要力量。

在中国对国际市场贸易需求提升和对外贸易环境客观改善的背景下，2017 年中国进出口实现较快增长，其中，中国与葡语国家的贸易额相比 2016 年同期增长明显。中国海关总署数据显示，2020 年 1—12 月，中国与葡语国家进出口商品总值为 1 451.85 亿美元。其中，中国自葡语国家进口 1 019.49 亿美元，对葡语国家出口 432.36 亿美元。数据显示，2020 年 1—12 月，中国与巴西、安哥拉两国双边贸易额增长速度较快，中巴双边贸易额 1 190.4 亿美元（占中国与葡语国家双边贸易总额的 82%），同比增长 3.8%；中安双边贸易额 162.61 亿美元（占中国与葡语国家双边贸易总额的 11.2%）。[①]

2016 年，中国对葡语国家直接投资流量总额 3.99 亿美元，同比增长 263.7%；直接投资存量总额 56.99 亿美元，同比增长 26.5%。其中，安哥拉和巴西是中国在葡语国家中最主要的投资目的地。投资领域主要为农业、渔业、能源、电力、金融、基建、运输、汽车及机械制造等。数据显示，2016 年中国对外直接投资流量总额增长最快的国家是巴西、安哥拉、东帝汶，分别增长 297%、85%、63.6%，巴西是中国投资增长最快的国家。根据莫桑比克投资促进局公布的 2017 年上半年投资数据，中国已取代阿联酋和南非（统计时间为 2011—2016 年），成为莫桑比克最大的外国投资国。

三、澳门特别行政区的平台作用日益显现

因历史关系，澳门与葡语系国家、欧盟及拉丁语系国家之间在经济、文化、法律和社会等方面一直保持着联系。澳门向来致力于推动中葡双语教育，培养中葡双语人才。较多澳门人对中国和葡语国家的文化、宗教、风俗习惯都比较熟悉，澳门各界与葡语国家有着良好的人脉关系，不少澳门中小企业利用本身优势与葡语国家发展合作，部分企业与之有长期商贸往来，从而促使澳门长久地担当起桥梁和平台角色。由于澳门特别行政区与葡萄牙

---

① 2021 年 1—12 月中国与葡语国家经贸交流情况[EB/OL].(2021-02-22)[2021-08-01].http://www.mofcom.gov.cn/aarticle/jiguanzx/202102/20210203040091.html.

在文化和历史上的关联性，中国也由此进入了葡语国家体系，成为葡语世界的重要一员。近年来，中国不断提升着自己在葡语世界的参与度。

2003年10月，中葡经贸合作论坛在澳门成立并举行了“中国－葡语国家经贸合作论坛(澳门)第一届部长级会议”。该论坛由中国中央政府发起、中国商务部主办、澳门特别行政区政府承办，安哥拉、巴西、佛得角、几内亚比绍、莫桑比克、葡萄牙和东帝汶共7个葡语国家参与。中葡论坛是以经贸促进与发展为主题的多边合作机制，在其框架下致力于建设“三个中心”：中葡中小企业商贸服务中心、葡语国家食品集散中心、中葡经贸合作会展中心。

中葡论坛的五届部长级会议分别于2003年10月、2006年9月、2010年11月、2013年11月和2016年10月在澳门成功举办。会议期间，各与会国部长共同签署了五个《经贸合作行动纲领》，由此开辟和拓宽了中葡论坛各方在贸易、投资、产能、农业、林业、渔业、畜牧业、基础设施建设、能源、自然资源、教育、金融、旅游、运输、通信、文化、广播影视、体育、卫生、海洋等诸多领域的合作。并于第五届部长级会议签署了《中葡论坛关于推进产能合作的谅解备忘录》，开启了中国和论坛葡语国家经贸合作新模式。自论坛成立以来，与会国全面落实行动纲领，为进一步提升经贸合作水平做出了积极贡献。

澳门特别行政区政府一贯鼓励和帮助中小企业与葡语国家合作，充分利用中葡双语人才等优势提供服务，包括：法律顾问和咨询；中介及翻译服务，涉及农业、渔业、自然资源、语言教学、表演、银行、保险、工程、电力、药物、肉类加工、物流、诊所、通讯、建筑、资讯、餐饮、技术及电视广播等领域。同时，企业可通过葡萄牙走向欧洲市场，通过巴西走向南美市场，还可通过安哥拉、佛得角、几内亚比绍及莫桑比克开发非洲市场，通过东帝汶开发东盟市场。澳门保持着与中国内地及葡语国家的密切联系，强化自身的独特优势，不断巩固作为中国与葡语国家商贸合作平台的地位，并从中充分发挥桥梁作用。

第三章
“一带一路”倡议下的中国葡萄牙语教学

第一节 “一带一路”倡议对葡萄牙语国家和地区的影响

一、葡萄牙

中葡两国于1979年2月8日建交，并于2005年建立全面战略伙伴关系。2018年12月5日，两国共同发表《中华人民共和国和葡萄牙共和国关于进一步加强全面战略伙伴关系的联合声明》，并签署两国政府关于共同推进建设“一带一路”的谅解备忘录，在两国建交40周年之际，双方合作上了新的台阶。

对于“一带一路”倡议合作，葡萄牙政府一直以来都持积极参与的态度。早在2016年5月31日，葡萄牙总统马塞洛·雷贝洛·德索萨在接受人民网记者专访时就表达了对参与“一带一路”建设的意愿：“‘一带一路’倡议在我看来是增进中国与欧洲之间商贸往来的一个重要倡议。‘一带一路’线路，除了陆路，还包括经过非洲沿岸并到达地中海的海上之路。葡萄牙愿与中国一道，尽最大努力成为海上丝绸之路上的一站。在对接中国的‘一带一路’倡议尤其是海上丝绸之路和欧洲提出的‘互联互通平台’方面，双方有很大的互补性和合作空间。双方还有很多可以合作的领域，例如能源领域和交通运输领域，特别是西内斯港，鉴于其良好的港口通过能力和作为进入欧洲的‘门户’的重要地位，使它成为吸引投资和寻找中国合作伙伴的重要因素。葡萄牙希望在中国'一带一路'倡议下,能够寻找到更多机遇。"[①] 2016年10月9日,葡萄牙总理科斯塔在接受中央电视台记者专访时重申了这一意愿,他说:"在'一带一路'的构想中,葡萄牙可以大有作为,特别是葡萄牙沿大西洋海岸的港口,可以发挥联通大西洋与欧洲内陆的重要作用。随着巴拿马运河新航道的开放,以及大西洋周边国家的互联互通,葡萄牙在地理位置上确实起到联系欧、非、南美洲和亚洲的桥梁作用,这就是葡萄牙准备扮演的角色。我们与中国政府就此进行了密切的合作,保证葡萄牙能积极参与到'一带一路'倡议之中。"[②]葡萄牙经济部长马努埃尔·卡布拉尔也曾在2017年接受人民网采访时强调葡萄牙对中国的"一带一路"倡议高度重视,希望积极参与该倡议的有关项目。[③] 2018年5月18日,葡萄牙总统德索萨在里斯本会见到访的中国国务委员兼外交部部长王毅时再次表示,习近平主席提出共建"一带一路"重大倡议,葡方从一开始就坚定支持。葡萄牙有欧洲最好的天然良港,愿意以此为优势同中方加强合作,共同推进"一带一路"建设。[④]

除了葡方表达的积极态度外,中葡两国近年来的合作也稳步推进。其中,海洋合作一直以来是两国合作的一个重要领域,也是葡萄牙参与到"一带一路"倡议的契机。早在2014年,习近平主席到访葡萄牙特塞拉岛时就提出,中国和葡萄牙拥有漫长的海岸线和丰富的海洋资源,应当加强在海洋经济方面的合作。2016年,中国国家海洋局局长王宏率团赴葡萄牙参与双边会谈,会议期间双方签署了《关于海洋领域合作谅解备忘录》。2017年5月,国家发展和改革委员会、国家海洋局制定并发布的《"一带一路"建设海上合作设想》明确提出,要共同发展"蓝色伙伴关系",造福沿线各国人民。2017年10月30日,中国—葡萄牙蓝色合作伙伴和二十一世纪海上丝绸之路研讨

---

① 葡萄牙总统德索萨接受人民日报专访时表示在"一带一路"框架下推进中葡合作[EB/OL].(2016-06-01)[2019-12-01]. http://world.people.com.cn/n1/2016/0601/c1002-28400014.html.

② 央视专访葡萄牙总理:葡愿成为桥梁　积极响应"一带一路"[EB/OL].(2016-10-09)[2019-12-01].http://m.news.cctv.com/2016/10/09/ARTI5GBK45EYr4myVa4igZyA161009.shtml.

③ 葡萄牙经济部长卡布拉尔:葡萄牙将出席"一带一路"国际合作高峰论坛[EB/OL].(2017-03-28)[2019-12-01]. http://world.people.com.cn/n1/2017/0328/c1002-29174945.html.

④ 葡萄牙总统总理会见王毅[EB/OL].(2018-05-20)[2019-12-01]. http://world.people.com.cn/n1/2018/0520/c1002-30000920.html

会在北京召开,双方对两国在新海上丝绸之路框架内的合作给予了肯定和支持。葡萄牙海洋部长安娜·保拉·维多利努女士在会上表示:“中国提出的新海上丝绸之路不仅仅局限于简单的港口合作,而是涵盖了海洋产业各个层面的发展,如食品、船舶、物流、能源、海洋科技等,这些都与葡萄牙的发展规划不谋而合。”①2017年11月3日,中葡在“2017厦门国际海洋周”期间签署《中华人民共和国国家海洋局与葡萄牙共和国海洋部关于建立“蓝色伙伴关系”概念文件及海洋合作联合行动计划框架》,葡萄牙成为欧盟国家中首个与中国正式建立“蓝色伙伴关系”的国家。

2018年12月4日至5日,习近平主席受邀访问葡萄牙,其间两国共同发表了《中华人民共和国和葡萄牙共和国关于进一步加强全面战略伙伴关系的联合声明》,并正式签署两国政府关于共同推进建设“一带一路”的谅解备忘录,这标志着葡萄牙正式参与到“一带一路”项目建设之中,受到了葡方各界人士的赞扬。葡萄牙锡尼什港管理局前首席执行官若昂·佛朗科就双方合作给予了高度评价,他认为中葡两国在“一带一路”框架下的合作将给锡尼什港带来更大的发展空间,他说:“中国国家主席的访问对我们很重要,因为这意味着中葡达成共识,两国朝着共同目标发展。‘一带一路’倡议不仅为沿线国家带来实惠,也令全世界各国受益。我认为该倡议会令全球的贸易环境发生改变。”葡萄牙米尼奥大学研究员杜阿尔特也对记者说:“中国国家主席习近平很务实,而我们需要务实的合作伙伴。虽然中国拥有完全不同的文明,但签订协议后中方会信守承诺。葡萄牙选择和中国合作,我认为这迈出了正确的一步。”②

这次访问除发表联合声明外,双方共签订了包括推进建设“一带一路”的谅解备忘录在内的17份合作文件:涵盖贸易、文化、科技、金融、农业、能源等多个领域,取得了丰硕成果。这些文件分别是:

(1)两国政府签署《中华人民共和国和葡萄牙共和国关于共同推进建设

① 中葡蓝色合作伙伴和二十一世纪海上丝绸之路研讨会在京召开[EB/OL].(2017-10-30)[2019-12-01]. http://world.people.com.cn/n1/2017/1030/c1002-29617183.html.

② 葡萄牙各界人士高度评价习主席访问 中葡“一带一路”合作引发热议[EB/OL].(2018-12-09)[2019-12-01]. http://tv.cctv.com/2018/12/09/VIDEsU1i2r5SXJVTZCWfMu3e181209.shtml.

“一带一路”的谅解备忘录》。

(2)中国商务部部长钟山与葡萄牙外交部部长席尔瓦签署《中华人民共和国商务部与葡萄牙共和国外交部关于服务贸易合作的谅解备忘录》。

(3)中国文化与旅游部长雒叔刚与葡萄牙文化部部长丰塞卡签署关于互办“文化节”的谅解备忘录。

(4)中国驻葡萄牙大使蔡润与葡萄牙科技和高等教育部国务秘书若昂·苏伯里尼奥·特谢拉签署关于“中葡科技2030”伙伴关系的谅解备忘录。

(5)中国驻葡萄牙大使蔡润与葡萄牙环境部长若奥·费尔南德斯签署关于水资源的合作谅解备忘录。

(6)中国科学院微小卫星创新研究院院长龚建村与葡萄牙 Tekever 集团首席执行官里卡多·蒙德斯签署关于共建星海联合研究实验室的备忘录。

(7)中国银行董事长陈四清与葡萄牙储金总局执行委员会主席保罗·莫伊塔·德·马塞多签署关于进一步加强人民币业务合作的备忘录。

(8)中国中央广播电视总台与葡萄牙广播电视总台签署合作协议，双方将就内容交换、人员交流、合作拍片等方面进行合作，双方将成立联合制作团队拍摄电视纪录片迎接两国建交40周年。

(9)中粮集团党组书记、董事长吕军和葡萄牙贸易与投资促进局局长路易斯·卡斯特罗·恩里克斯签署合作谅解备忘录，中粮集团旗下中粮国际将在葡萄牙波尔图大区设立提供共享服务的“卓越中心”。

(10)中国驻葡萄牙大使蔡润与葡萄牙农业食品国务秘书路易斯·门德罗斯签署《中华人民共和国海关总署与葡萄牙共和国农业、林业与农村发展部关于葡萄牙鲜食葡萄输华植物检疫要求的议定书》。

(11)中国银联国际与葡萄牙最大的私有银行葡萄牙商业银行(Millennium BCP)在里斯本签署发卡协议，葡萄牙将发行当地首张银联卡。

(12)中国国家电网有限公司总经理寇伟与葡萄牙国家能源网公司董事长兼首席执行官罗德里格签署合作框架协议。

(13)中国长江三峡集团有限公司党组书记、董事长雷鸣山与葡萄牙电力公司首席执行官安东尼奥·梅西亚签署《三峡集团和葡萄牙电力公司合作协议》。

(14)中国社会科学院院长谢伏瞻与葡萄牙科英布拉大学校长席尔瓦签署关于设立中国研究中心的协议。

(15)中国驻葡萄牙大使蔡润代表孔子学院总部与葡萄牙波尔图大学佩雷拉校长签署波尔图大学建立孔子学院合作协议。

(16)天津市与塞图巴尔市签署合作意向书。

(17)华为葡萄牙首席执行官陆杰与 Altice 葡萄牙首席执行官亚历山大·丰塞卡签署关于 5G 技术发展的谅解备忘录。[①]

自中葡双方联合声明发表以来,两国合作成果也逐步得到落实。农业方面,自 2019 年 1 月 30 日起,葡萄牙正式向中国出口猪肉。对此,葡萄牙养猪协会(FPAS)管理人员努诺·科雷亚表示:“这次合作为葡萄牙生产商提供了另一种选择,商家可以在一个极具吸引力的市场销售产品,这是葡萄牙出口行业的巨大进步。”[②]据新华社报道,2019 年 1 月 30 日,首批出口到中国的猪肉于当天从锡尼什港起运。这批猪肉共 10 个集装箱,重达 270 吨,价值 100 万欧。[③] 随后,这批猪肉于 3 月 22 日到达天津东疆海关,顺利过关后被销往全国各地。葡萄牙输华猪肉代理商、湖南爱格浦进出口贸易有限公司董事长朱剑锋介绍说:“葡萄牙的猪肉产品刚刚进入中国市场,产能也在逐步增加,到 2020 年进口量有望翻一番,每月达到 400 柜左右。”[④]

文化交流方面,双方在联合声明中表明 2019 年是中葡建交 40 周年,两国将互办文化节,通过一系列活动推动人文交流与合作。此前,故宫博物院“东风西韵·紫禁城与海上丝绸之路”展已于 2018 年 12 月 4 日在葡萄牙阿茹达宫与观众见面。葡萄牙文化部部长格拉萨·丰塞卡对此表示:“这是一个很好的平台,展现中葡两国文化间有悠久的联系和合作,文化是连接国家和

---

① 中华人民共和国主席国事访问双边签字文件[EB/OL].[2019-12-01]. https://www.portugal.gov.pt/pt/gc21/comunicacao/documento? i = declaracao-conjunta-e-acordos-assinados-na-visita-de-estado-do-presidente-da-republica-popular-da-china.

② 首批葡萄牙猪肉将摆上中国人餐桌[EB/OL].(2019-01-30)[2019-12-01]. http://www.oushinet.com/ouzhong/ouzhongnews/20190130/312589.html.

③ 葡萄牙首批出口中国猪肉起运[EB/OL].(2019-01-31)[2019-12-01]. http://news.xinhuanet.com/video/2019-01/31/c_1210052389.htm.

④ 中葡合作新进展:首批出口中国猪肉昨日在天津东疆通关[EB/OL].(2019-03-23)[2019-12-01]. http://m.ce.cn/bwzg/201903/23/t20190323_31731865.shtml.

人民的最好方式。”[①]2019 年 2 月 8 日晚，庆祝中葡建交 40 周年暨 2019 年葡萄牙欢乐春节专场演出《杨门女将》在葡萄牙圣卡洛斯国家剧院上演。此次演出由中国国家京剧院负责，是葡方举办的中国文化节中的一项重要内容。[②]

随后，中方举办的“2019 年葡萄牙文化节”于 3 月 4 日在北京正式启动。葡萄牙驻华大使杜傲杰表示，2019 年，“葡萄牙将在北京、上海、澳门和广州举办 20 场文化活动。音乐、舞蹈、戏剧、电影、文学和视觉艺术等领域的优秀葡萄牙艺术家将与中国艺术家进行文化的交流与对话”[③]。除文化节之外，中国邮政于 2019 年 2 月 8 日与葡萄牙邮政总局联合发行中葡建交 40 周年纪念邮票。这套邮票新发行的纪念邮票有两枚，分别以具有中国和葡萄牙传统文化元素的紫砂茶具和银制茶具为图案，体现了两国的传统友谊和文化共鸣。[④]

教育方面，2018 年 12 月 6 日，由天津机电职业技术学院承建的葡萄牙鲁班工坊在塞图巴尔理工学院揭牌成立。天津市市长张国清在葡访问时曾对塞图巴尔市市长玛丽亚·梅拉表示，希望两市以“鲁班工坊”为契机，深化交流合作，实现共赢发展。[⑤] 天津市教委副主任吕景泉教授对此次合作也给予了高度评价，他说：“鲁班工坊登陆葡萄牙，标志着以天津为代表的中国职业教育，经过 40 年的改革开放，在先进制造、人工智能领域所积累的产教融合、校企合作的成果，得到西方先进国家的认可；标志着中国特色职业教育的话语体系、标准体系，经过天津的国家职教示范区建设，已经上升到一个

---

① 故宫“海上丝绸之路”文物展在葡萄牙举行 进一步促进中葡文化交流[EB/OL].(2018-12-06)[2019-12-01]. https://baijiahao. baidu. com/s? id = 1619091352402673898&wfr = spider&for=pc.

② 庆祝中葡建交 40 周年暨葡萄牙欢乐春节专场演出 《杨门女将》在葡上演[EB/OL].(2019-02-11)[2019-12-01]. https://www.fmprc.gov.cn/ce/cept/chn/t1636654.htm.

③ “2019 年葡萄牙文化节”在京启动[EB/OL].(2019-03-05)[2019-12-01]. https://baijiahao.baidu.com/s? id=1627141633381868023&wfr=spider&for=pc.

④ 葡萄牙发行中葡建交 40 周年纪念邮票[EB/OL].(2019-02-09)[2019-12-01]. https://baijiahao.baidu.com/s? id=1624989162847642039&wfr=spider&for=pc.

⑤ 张国清率市政府代表团访问葡萄牙[EB/OL].(2018-12-04)[2019-12-01]. http://www.tj.gov.cn/xw/bdyw/201812/t20181204_3642975.html.

新的高度。葡萄牙是连接陆上丝绸之路和海上丝绸之路的重要枢纽,我们将认真打造好这个‘一带一路’上的技术驿站,为走出去的中国企业提供本土化技术支撑。”①此外,2016 年 7 月,葡萄牙科英布拉大学孔子学院举办了揭牌仪式。该孔子学院由北京第二外国语学院、浙江中医药大学与葡萄牙科英布拉大学合作建立。2019 年 3 月 7 日,广东外语外贸大学与波尔图大学就共建孔子学院正式签约,落实了 2018 年 12 月国家汉办与波尔图大学签署的共建孔子学院合作协议。②

这些成果为两国合作注入了新的活力,相信其他领域的合作协议也会在今后得到进一步推进。

二、巴西

巴西是南美洲面积最大的国家。1974 年 8 月 15 日中国与巴西建立外交关系。1993 年,两国建立战略伙伴关系。2012 年,两国关系提升为全面战略伙伴关系。两国自建交以来,双边贸易稳步发展,据巴西外贸秘书处统计,2018 年巴西与中国双边货物进出口额为 989.4 亿美元,中国是巴西第一大的出口目的地和第一大进口来源国。中国已连续十年成为巴西的最大贸易伙伴。③

“一带一路”倡议自提出以来就得到了巴西国内的高度重视,巴西各界人士对这一倡议给予了高度评价。2017 年“一带一路”国际合作高峰论坛前夕,巴西圣保罗大学政治学博士施若杰在人民网撰文对“一带一路”倡议给予了高度评价,认为这一倡议不仅有助于加强中国同其他国家的关系,而且有助于其他国家的发展。④ 同年 5 月,“一带一路”国际合作高峰论坛期间,

---

① 天津与塞图巴尔共建葡萄牙鲁班工坊[EB/OL].(2018-12-07)[2019-12-01]. http://m.xinhuanet.com/tj/2018-12/07/c_1123819837.htm.

② 我校与葡萄牙波尔图大学签约共建孔子学院[EB/OL].(2019-03-08)[2019-12-01]. https://www.gdufs.edu.cn/info/1106/49970.htm.

③ 2018 年巴西货物贸易及中巴双边贸易概况[EB/OL].[2019-12-01]. https://countryreport.mofcom.gov.cn/record/view.asp? news_id=62380.

④ 巴西学者:“一带一路”倡议给各国带来机会[EB/OL].(2017-05-12)[2019-12-01]. http://world.people.com.cn/n1/2017/0512/c1002-29272424.html.

巴西总统府战略事务特别代表胡赛因·卡罗特对记者表示,"一带一路"倡议有助于中巴合作迈上新的台阶,他说:"中国已成为巴西第一大贸易合作伙伴,且巴西位列中国全球贸易合作伙伴前十五位。巴中两国的经贸关系已发展到较高的水平,而两国的双边关系还具有很大的发展空间和提升潜力。比如,两国在科技和教育领域的合作交流还可继续加强。我相信,巴中两国关系的发展将在未来取得突破,各领域合作都将提升至新高度。"胡赛因·卡罗特还表示,欢迎中国企业前往巴西投资,巴西正在进行系列改革以方便外国企业享有同巴西企业同等的待遇。[①] 巴西联邦税务局秘书长伊尔伽罗·马尔丁斯在"一带一路"国际合作高峰论坛中的"推进贸易畅通"平行主题会议上也表达了愿意以拉美大国的身份加入"一带一路"项目的建设中,马尔丁斯称,巴西实施了包括税收改革在内的一系列措施,目前的经济政策有利于吸引外资,欢迎中国投资巴西基础设施建设和新技术领域。[②] 2018 年 5 月 16 日,巴西与中国"一带一路"倡议研讨会在巴西举办。中国驻里约热内卢总领馆代总领事陈晓玲详细介绍了"一带一路"倡议的时代背景、框架思路、共建原则和最新进展,并表示希望能将"一带一路"倡议与巴西"投资伙伴计划"等发展战略全面对接,推动中巴务实合作。瓦加斯基金会中巴研究中心主任埃万德罗·卡瓦略详细介绍了中国全面依法治国建设的最新进展,并宣布瓦加斯基金会中文网站正式上线开通。[③] 2019 年 2 月 27 日,主题为"中巴伙伴关系成果丰硕十年"的会议在巴西圣保罗召开。会上,中巴双方各界人士对两国合作成果给予了高度评价,并对两国未来合作前景进行了展望。中国驻巴西大使杨万明在会上指出,中巴合作规模不断扩大,合作质量不断提升,应重点加强"一带一路"倡议与巴西新政府发展战略和发展议程的对接,打造中巴合作"升级版"。巴西商业领袖组织中国区主席若泽·马塞洛·布拉加·纳西门托也表示:"中巴两国的合作是战略性

---

① 【高端访谈】巴西总统府战略事务特别代表:"一带一路"旨在实现各国优势互补[EB/OL].(2017-05-16)[2019-12-01]. https://news.china.com/news100/11038989/20170516/30528333.html.

② 【高端访谈】巴西官员:巴西作为拉美大国愿加入"一带一路"各领域合作[EB/OL].(2017-05-15)[2019-12-01].http://news.cri.cn/20170515/a211e102-efdb-8914-zf59-f5c4d348b9af.html.

③ 陈晓玲代总领事出席巴西与中国"一带一路"倡议研讨会[EB/OL].(2018-05-17)[2019-12-01].https://www.fmprc.gov.cn/ce/cgrj/chn/zlghd/t1560334.htm.

的,也是共赢的,‘一带一路’倡议在巴西的推进,将会给巴西带来更多商机。”圣保罗州工业联合会(FIESP)副主席若泽·里卡多·罗里斯·科埃略也在会上表达了对加强两国经贸合作的期望。[①]

在“一带一路”框架下,两国有着更广阔的合作空间,其中,基础设施投资一直都是两国合作的重要领域。巴西交通部长毛里西奥·金特拉曾表示,基础设施投资欠缺一直是巴西经济发展的软肋,中企投资将有助于改善这一状况。[②] 巴西前驻华大使、巴西出口与投资促进局(Apex-Brasil)局长江豹也曾在采访中表示,巴西急需基础设施领域的投资,他说:“现在,巴西更感兴趣的领域主要是基础设施领域。我们非常需要基建方面的投资:港口、道路、铁路还有机场。中国过去几年在这些方面,特别是在铁路方面的发展非常迅速,我们非常期待中国投资者能够来巴西帮助我们,加强巴西道路连通的能力。”[③]

中国企业近年来对巴西基础设施领域的投资也在不断增长。美丽山项目二期工程是中国企业独立投资、建设和运维的首个特高压输电项目,由国家电网独立建设,是中国在巴西乃至拉美地区推进“一带一路”倡议的重要实践。中国驻巴西大使李金章评价称:“巴西的项目是(中国)特高压输电技术第一次真正走出国门,这个项目的建成将为今后我国特高压技术及其他高端技术被世界认可开辟新的历史阶段。通过美丽山项目,巴西国内从政府、企业到民众都表达了对双方在该领域继续深化互利共赢合作的良好意愿和浓厚兴趣。”巴西能源矿业部长莫雷拉·弗朗哥也对项目给予了高度评价,他说:“美丽山项目投入运行将有助于巴西经济增长和资源整合,从此,北部地区丰富的水电资源得以输送到东南部能源消费主要市场。这是巴西电力公司和中国国家电网共同努力的结果,彰显了巴中两国务实合作的巨

---

① 中国巴西政商精英热议两国合作成果看好未来前景[EB/OL].(2019-03-01) [2019-12-01]. https://www.yidaiyilu.gov.cn/xwzx/hwxw/80947.htm.

② 互联互通带来中巴双赢[EB/OL].(2018-04-09) [2019-12-01]. https://baijiahao.baidu.com/s?id=1597253338273865060&wfr=spider&for=pc.

③ 巴西期待来自中国的基础设施投资:访巴西前驻华大使、巴西出口与投资促进局局长江豹[EB/OL].(2018-05-22) [2019-12-01]. http://www.jjckb.cn/2018-05/22/c_137196124.htm.

大潜力。”[①]该项目已于2019年3月10日全线贯通，较工期提前两个月完成，预计于2019年第三季度投入运营。除此之外，2017年11月10日，国家电力投资集团海外投资有限公司下属巴西圣西芒水电能源股份有限公司与巴西电力监管局正式签署了巴西圣西芒水电站30年期特许经营权协议。该项目是国电海外投资的又一里程碑。[②] 港口方面，2018年5月29日，中国能建葛洲坝集团海外投资有限公司所属葛洲坝巴西有限公司与巴西卡马戈·科雷亚集团（Camargo Correa）和安德拉德·古铁雷斯集团（Andrade Gutierrez）完成了对巴西圣诺伦索供水公司的股权交割，葛洲坝巴西有限公司成为圣诺伦索供水项目的100％控股股东。该项目的完成将极大缓解圣保罗市水资源短缺的问题，促进当地经济发展和民生改善，是“一带一路”框架下我国企业投资巴西基础设施建设领域的又一重大成果。[③] 2017年9月，招商局港口控股有限公司收购巴拉那瓜港口营运商TCP公司90％的股权，并与2018年2月交割完毕。该港口是巴西第二大集装箱港口，此次收购也是中国企业首次涉足巴西港口领域，中国驻巴西大使李金章表示，这一交易是中企在拉丁美洲践行“一带一路”倡议的新突破。[④] 随后，巴西当地时间2018年3月16日，由中国交通建设集团和巴西托雷尔公司共同投资开发建设的圣路易港口项目的奠基仪式在巴西北部马拉尼昂州首府圣路易斯市举行。中国交通建设集团是我国最大的基础设施建设公司，中巴双方曾于2017年9月在两国领导人的见证下签署了巴西圣路易斯港项目投资协议及融资框架协议。[⑤] 中国驻巴西大使李金章评价说：“我相信项目建成以后，其成果及影响一定会为我们和巴西其他各州，乃至整个拉丁美洲在‘一带一

① 巴西美丽山项目成为中拉共建“一带一路”重要实践[EB/OL].（2018-08-19）[2019-12-01].http://news.cri.cn/20180819/92fad02d-bf62-6cb9-bc45-64a150641541.html.

② 国家电投取得巴西圣西芒水电站30年期特许经营权[EB/OL].（2017-11-14）[2019-12-01].http://www.hydropower.org.cn/showNewsDetail.asp? nsId＝22569.

③ 中国能建葛洲坝集团完成巴西大型供水项目股权收购[EB/OL].（2018-06-05）[2019-12-01].http://www.sasac.gov.cn/n2588025/n2588124/c9084846/content.html.

④ 招商局港口收购巴西港口正式交割[EB/OL].（2018-02-23）[2019-12-01].https://baijiahao.baidu.com/s? id＝1593173515448083258&wfr＝spider&for＝pc

⑤ 习近平与特梅尔共同见证中交建签署巴西圣路易斯港协议[EB/OL].（2017-09-01）[2019-12-01].http://cccltd.cn/news/gsyw/201709/t20170901_89919.html.

路’框架对接，实现‘五个联通’，践行‘共享、共商、共建’基本理念等方面做出应有的贡献。”马拉尼昂州州长迪诺也表示：“我们很关注中国改革开放所取得的成功经验，马拉尼昂州的发展也从中受益匪浅。我认为发展不能仅仅依靠自己的力量，更多需要的是合力，要形成这种合力，就需要更多地发展对外关系，马拉尼昂州已经准备好了，我们欢迎更多的中国企业来这里投资。”①

除了基建，农业也是巴西的一大重要发展领域。2017 年，巴西农业生产总值占国内生产总值的 33%。② 对农业领域的投资也是中巴合作的一个重要方向。2017 年 12 月 1 日，中国的中信农业基金和隆平高科以 11 亿美元完成了对陶氏化学在巴西的玉米资产的收购。农业领域合作的另一个亮点是中巴之间的大豆贸易。大豆是巴西的主要经济作物之一，中国近年来一直是巴西大豆最大的出口市场。2017 年巴西对华出口大豆超过 5 000 万吨，约占巴西大豆总产量的一半。③ 据报道，位于巴西南部的南里约格朗德州和中西部的马托格罗索州的农户都有增加大豆种植面积的打算，正是为了抓住中巴大豆贸易蓬勃发展的机会。巴西最大粮食种植商之一，美好未来集团高管茹勒斯·伊纳西奥曾表示：“希望未来能够进一步加强与中国的粮食贸易。只要有需求，我们就增加产量。”④中国企业也看到了大豆贸易的商机，近年来加速在巴西开展大豆领域的布局。2016 年至 2017 年，中国大康农业接近完成了对巴西两家大型粮食贸易商平台的收购：菲格雷尔(Fiagril)公司和贝拉格里科拉(Belagricola)公司。这两家公司分别为巴西中西部马托格罗索州和南部巴拉纳和圣保罗州的重要粮食经销贸易商。收购后，大康农业预计在两到三年内达到巴西 4%—5%的市场份额。大康农业董事长葛俊杰在接受《每日经济新闻》采访时曾表示：“巴西拥有丰富的资

① 中交建巴西圣路易斯港开工建设[EB/OL].（2018-03-19）[2019-12-01]. http://www.chinca.org/CICA/info/18031910385211? WebShieldSessionVerify=PqcG1Bl0ht0E3xbenO6T.

② 经济半小时·走进巴西[EB/OL].（2018-06-07）[2019-12-01]. http://tv.cctv.com/2018/06/07/VIDEQpEDld7SHWedEDNSUBKH180607.shtml.

③ 财经观察：中巴大豆贸易合作潜力巨大[EB/OL].（2018-08-24）[2019-12-01]. https://baijiahao.baidu.com/s? id=1609685799777305742&wfr=spider&for=pc.

④ 大豆拓展巴西与中国合作空间[EB/OL].（2018-08-28）[2019-08-01]. http://world.people.com.cn/n1/2018/0828/c1002-30254905.html.

源，比如粮食、糖、肉、油、果汁、咖啡等，这些资源和中国13亿多人口的消费市场有很强的互补性。"①

农业领域之外，两国在高新技术领域的合作也有丰硕成果。2018年是两国航天合作的30周年纪念。1988年7月，两国签署《关于核准研制地球资源卫星的议定书》，标志着两国航天合作的开启。2013年，在广州举办的中国—巴西高层协调与合作委员会第三次会议上，中巴双方签署了《2013—2022年中国国家航天局与巴西航天局航天合作计划》，为两国10年的合作指明了方向。中巴建交30年来，双方联合研制了6颗中巴地球资源卫星，被誉为高科技领域"南南合作"的典范。②

与此同时，在近年来崛起的互联网领域，中国企业也加速了在巴西的投资。2018年1月3日，中国独角兽企业滴滴公司收购了巴西最大的网约车平台99公司。③ 巴西圣保罗滴滴出行总部的国际化产品经理闫子园介绍："'一带一路'倡议，不仅给沿线各国发展创造了新机遇，也成了中国新兴高科技企业与各方协同发展的纽带，北京滴滴出行就是其中一员。"④中国企业的技术和服务模式，沿着新的丝绸之路来到巴西，并逐渐占据重要位置。

在"一带一路"倡议下，两国在人文交流领域也有新的合作成果。2018年7月3日，中国新闻代表团团长、中国记协书记处书记张百新与巴西全国记者联合会主席玛丽娅·吉泽·布拉加在巴西首都巴西利亚正式签署中巴"一带一路"新闻交流合作协议。该协议旨在加强两国新闻媒体和记者之间的信息交流，共享"一带一路"发展新机遇。⑤ 除此之外，近年来中国企业也投身于巴西的社会公益项目，为两国人文交流做出了贡献。国家电网巴西

---

① 大康农业集成全球资源 打造国际粮商[EB/OL].(2019-09-27)[2019-12-01]. http://www.ce.cn/xwzx/gnsz/gdxw/201909/27/t20190927_33236030.shtml.

② 中巴航天合作三十年，祝愿结出更多硕果[EB/OL].(2018-11-22)[2019-12-01]. https://baijiahao.baidu.com/s? id=1617835948079994820&wfr=spider&for=pc.

③ 滴滴收购巴西打车应用99[EB/OL].(2018-01-03)[2019-12-01]. https://baijiahao.baidu.com/s? id=1588576180000991772&wfr=spider&for=pc.

④ 巴西圣保罗网约车专职司机安娜："巴西99离不开北京滴滴"[EB/OL].(2019-04-16)[2019-12-01]. https://baijiahao.baidu.com/s? id=1630956691925016709&wfr=spider&for=pc.

⑤ 中国和巴西签署"一带一路"新闻交流合作协议[EB/OL].(2018-07-03)[2020-12-01]. http://baijiahao.baidu.com/s? id=1604976949562321583&wfr=spider&for=pc.

控股公司资助的“马累贫民窟交响乐团”就是很好的例证。这一社会公益项目旨在为巴西贫民窟儿童提供乐器演奏义务培训，丰富贫民窟青少年业余生活。2015年，李克强总理在访问巴西里约热内卢期间，观看了该乐团的演出。随后，他在看望演奏的人员时说：“今天，我听到了世界上最美妙的音乐，虽然你们现在生活在贫民窟，生活条件还不太好，但是我相信通过你们的努力，日子会越来越好的。”[①]

三、安哥拉

安哥拉是位于非洲西南部的葡语国家，资源丰富，被誉为“非洲的巴西”，在经历长时间的战乱后，于2002年进入战后恢复和重建期。中国同安哥拉于1983年建交，两国关系发展顺利。2010年，中国与安哥拉建立战略伙伴关系，双边经贸合作进一步深入发展。

安哥拉战后重建初期，中安两国以能源合作为核心，在非洲首创了“安哥拉模式”的合作形式，带动了其他领域的发展。“安哥拉模式”是中安两国达成的以安哥拉石油换取中方贷款的合作模式。两国政府于2003年签署相关合作协议，规定中国进出口银行于2004年起向安方提供第一笔20亿美元的贷款，用于安哥拉基础设施建设，贷款以安哥拉出产的石油来偿还。得益于中国的贷款支持，安哥拉经济发展迅速，成为非洲经济增速最快的国家之一。[②]

安哥拉作为非洲国家，是“一带一路”建设中的重点。安哥拉对“一带一路”倡议也一直持积极态度。2016年10月，安哥拉新闻代表团来中国访问，在参观海上丝绸之路发源地泉州时，除了感受到丝绸之路的历史意义外，他们也都表示共建“21世纪海上丝绸之路”对促进沿线国家发展具有积极意义。安哥拉国家电视台新闻部副主任保罗对记者说：“尽管不是‘一带一路’沿线国家，安哥拉的发展战略仍可与中国的‘一带一路’倡议对接，这将带动

① 国家电网公司巴西公益项目获李克强总理赞许[EB/OL].(2015-05-24)[2019-12-01]. http://world.chinadaily.com.cn/lkqcf/2015-05/24/content_20802638.htm.

② 中国与安哥拉能源合作中非合作良好示范[EB/OL].(2018-10-25)[2020-12-20]. http://www.sohu.com/a/271235908_825950.

融资、产能和装备制造等领域的合作,为安哥拉发展带来更多机遇。”[1]2018年9月,安哥拉总统洛伦索任内首次参加中非合作论坛峰会,洛伦索在接受采访时对“一带一路”倡议给予了积极评价,他说:“‘一带一路’倡议很好,因为它团结了世界不同国家的人民和文化,涵盖几乎所有七个大洲。安哥拉肯定也能从中受益,我们也希望能贡献我们的力量。”[2]论坛期间,安哥拉同中国签署了共建“一带一路”的谅解备忘录,将两国合作推上了新的台阶。

在“一带一路”框架下,中安两国近年来取得了丰硕的合作成果。基础设施领域是安哥拉本国发展的重要领域,也是“一带一路”的重点建设领域。2017年8月4日,中国葛洲坝集团股份有限公司承建的目前非洲最大水电站——安哥拉卡古路卡巴萨水电站在该国北宽扎省坎班贝市举行开工仪式。该项目被誉为“非洲的三峡工程”,项目完成后将满足安哥拉国内50%以上的供电需求,是我国企业融入“一带一路”的标志性工程。安哥拉能源水务部长博尔热斯对中国政府及企业的支持表示感谢,并指出这一水电站将极大地促进安哥拉的经济建设。[3] 同时,这一项目还得到了中国进出口银行湖北省分行的7 800万美元的预付款保函,为项目的顺利进行提供了资金保障。[4] 2018年,由中铁二十局投建的本格拉铁路项目投入运营。该铁路全长1 344公里,铁路西起大西洋港口城市洛比托,东至靠近刚果(金)的边境城市卢奥,大大增强了非洲中部与大西洋沿岸的联系,是安哥拉重要的铁路之一。据人民网报道,2018年上半年,该铁路客运量已突破58万人次,货运量达到了21万吨,促进了安哥拉铁路贸易的发展。[5] 2019年4月8日,同样

---

① 访华感受|尽管不是沿线国家,安哥拉也愿意对接“一带一路”[EB/OL].(2016-10-26)[2020-12-20]. http://news.xinhuanet.com/zgjx/2016-10/26/c_135781400.htm.

② 【中非合作高端说】安哥拉总统洛伦索:“一带一路”为安哥拉发展带来机遇 期望中安两国合作更加深入[EB/OL].(2018-09-02)[2020-12-20]. http://news. cctv. com/2018/09/02/ARTIltbHN7qYR9sGtTkGS1JU180902.shtml.

③ 中非友谊新篇章|中国葛洲坝集团承建的非洲最大水电站开工[EB/OL].(2017-08-05)[2020-12-20]. https://www.sohu.com/a/162455645_660861.

④ 中国进出口银行支持安哥拉最大发电项目[EB/OL].(2017-12-25)[2020-12-20]. http://news.afrindex.com/zixun/article10122.html.

⑤ “一带一路”上的风景,安哥拉本格拉铁路[EB/OL].(2018-09-16)[2020-12-20]. https://baijiahao.baidu.com/s? id=1611735643784118931&wfr=spider&for=pc.

由中铁二十局集团承建的安哥拉卡奇温戈—希尼亚马公路项目竣工。该公路全长74.7公里，于2016年开工建设。该项目的竣工大大缩短了卡奇温戈和希尼亚马两地的通行时间，促进了当地的互联互通。安哥拉建设与公共工程部长曼努埃尔·塔瓦雷斯在竣工典礼上对中方的工作表示感谢，并表示公路将给沿线民众带来更多便利，有利于促进当地经济发展。①

农业领域，2016年12月7日，中国政府援助安哥拉政府的农业技术示范中心项目开工仪式在罗安达隆重举行。这一项目是两国政府在农业领域的第一个合作项目。安哥拉农业国务秘书塔蒂在开工仪式上对中国政府的无偿援助表示感谢。农业技术示范中心项目将在提升安哥拉农作物科技竞争力、为安哥拉培养农业人才、促进经济多元发展等方面发挥积极作用。②除了两国政府外，中国企业也顺应“一带一路”潮流走进安哥拉农业领域。2016年，中信建设有限责任公司（简称“中信建设”）非洲事业部与安哥拉国家农业公司签订移交证书，将位于中部省份马兰热的黑石农场正式移交给安方。黑石农场是中信建设与其合作单位经过6年多努力建立的农业示范工程。该农场主要种植玉米和大豆，从除草、耕地、播种、喷灌到收割仓储等都实现了机械化。有报道称：“农场建有安哥拉最先进的农业育种实验室，安哥拉农业部多次在黑石农场召开年会和推广会，黑石农场成了安哥拉现代化农业建设的窗口。”安哥拉副总统文森特也曾指出黑石农场是安哥拉农业复兴的典范。③ 此外，中国广德国际也在安哥拉建设了当地最大的现代化养鸡场。④ 中国企业与安哥拉合作开展种植甘蔗、加工及销售蔗糖项目。这些合作项目将有助于安哥拉经济多元化发展。⑤ 2019年3月28日，中非商

① 中企承建的安哥拉卡奇温戈—希尼亚马公路项目竣工[EB/OL].(2019-04-09) [2020-12-20]. https://baijiahao.baidu.com/s? id=1630326569724079184&wfr=spider&for=pc.

② 我援安农业技术示范中心开工仪式在罗安达举办[EB/OL].(2016-12-08) [2020-12-20]. http://ao.mofcom.gov.cn/article/sqfb/201612/20161202103529.shtml.

③ 中信建设向安哥拉移交现代化农场[EB/OL].(2016-11-08) [2020-12-20]. http://news.afrindex.com/zixun/article7667.html.

④ 安哥拉饲料严重依赖进口，中企全产业链布局安哥拉养殖业[EB/OL].(2017-03-07) [2020-12-20]. http://news.afrindex.com/zixun/article8568.html.

⑤ 中企将投资安哥拉甘蔗种植加工项目[EB/OL].(2016-12-12) [2020-12-20]. http://news.afrindex.com/zixun/article7972.html.

会副会长、安哥拉中国总商会副会长、青岛佑兴集团有限公司董事长陈松到访青岛农业大学蓝谷校区海洋科学与工程学院，双方就水产领域合作展开了深入探讨，希望融入中国“一带一路”建设规划，推动安哥拉水产养殖的高质量发展。①

科技领域，2017 年 4 月，三川智慧科技股份有限公司与安哥拉国家公共水务公司签订“国家公共水务公司与三川智慧科技股份有限公司智能预付费水表的供应合同”。这一项目标志着中国智能水表进入安哥拉市场，为安哥拉水务部门提供了智能付费方案，促进了其价值链的延伸。② 同年 6 月，中国的大数据和人工智能技术与应用服务商百分点科技集团股份有限公司为安哥拉政府搭建了一套可视化国家中心数据分析和决策系统。这一系统为安哥拉政府管理人口信息提供了现代化的方案。通过这一系统，安哥拉政府得以实现智慧政务，并能够更加科学有效地规划其经济发展。③

随着安哥拉基础设施建设逐渐完备，各个领域不断发展，中安两国将有更大的合作空间，在“一带一路”的契机下，实现两国共赢发展。

四、莫桑比克

莫桑比克位于非洲东南部，属于南部非洲国家。中国同莫桑比克于 1975 年建交。1992 年莫桑比克内战结束后，国家进入和平与发展阶段。长期以来，中国一直支持莫桑比克发展，为莫桑比克的社会与经济建设做出了贡献。据统计，自 1975 年 6 月 25 日建交至 2018 年 8 月，中方为莫桑比克援建了经济住房、国家体育场、农村学校、农业技术示范中心等 34 个成套项目、22 个农业技术合作项目。④ 2017 年，中国取代了 2011—2016 年的阿联酋和

---

① 中非商会副会长陈松一行来校洽谈水产养殖合作[EB/OL].(2019-04-02) [2020-12-20]. http://news.qau.edu.cn/content/zonghe/7b2674bcd4694fe0ae8d7030e8300756.

② 中企 700 万美元智能水表出口安哥拉[EB/OL].(2017-04-18) [2020-12-20]. http://news.afrindex.com/zixun/article8827.html.

③ 谱写合作共赢新篇章：一带一路倡议五周年特别报道[EB/OL].(2018-08-20) [2020-12-20]. http://world.people.com.cn/n1/2018/0820/c1002-30237456.html.

④ 中国为莫桑比克经济提供“源动力”[N].国际商报，2018-08-27(11).

南非，成为莫桑比克最大的外商投资国，投资金额为1.73亿美元。[①] 在中国的帮助下，莫桑比克经济迅速发展，两国经贸合作也不断深入。2001年，两国成立经贸联委会，旨在促进两国的经贸合作，经贸联委会自成立以来，已举办六次会议，签署了一系列双边合作文件，取得了丰硕的合作成果。2016年，莫桑比克总理纽西访问中国期间，两国领导人将中莫关系提升为全面战略合作伙伴关系，两国政府有关部门签署了《关于开展产能合作的框架协议》和《关于开展经贸合作区建设的谅解备忘录》等双边文件，莫桑比克成为中国在非洲开展产能合作和经贸合作区建设的重点国家。[②]

莫桑比克作为非洲南部的沿海国家，一直以来都是“一带一路”建设，尤其是“海上丝绸之路”建设的重点国家。外交部非洲司司长林松添2016年接受采访时曾表示：“非洲，特别是东部和南部非洲国家是海上丝绸之路的历史和自然延伸。中国明代著名航海家郑和率船队七次下西洋，其中四次曾抵达现在的东非沿岸，传播了中非友谊，促进了友好合作。非洲是‘一带一路’的重要节点，也是中国向西推进‘一带一路’建设的重要方向和落脚点。‘一带一路’建设将给中非合作发展带来前所未有的新的机遇。”[③]

自“一带一路”倡议提出以来，莫桑比克一直持积极参与的态度，并对此给予了高度评价。2016年，莫桑比克总理多罗萨里奥来华参加中国－葡语国家经贸合作论坛期间与李克强总理进行了会面。双方一致同意加强“一带一路”倡议与莫桑比克发展战略对接，推动两国合作取得更大进展。[④] 2017年，在北京出席“一带一路”国际合作高峰论坛的莫桑比克副外长蒙德拉内对记者表示：“‘一带一路’倡议根据所在地区特点分别确定了发展的侧重点。目前，中国投资建造了港口、道路、桥梁等基础设施，以及医院、学校

① 中国成莫桑比克2017年最大外商投资国[EB/OL].(2017-09-18)[2020-12-20]. http://www.cnafrica.org/cn/zfxw/13767.html.

② 共建“一带一路” 共享中莫经贸合作成果(刘晓光参赞署名文章)[EB/OL].(2017-05-15)[2020-12-20]. http://mz.mofcom.gov.cn/article/zxhz/201705/20170502575509.shtml.

③ 非洲是建设“一带一路”的重要方向和落脚点[EB/OL].(2016-09-22)[2020-12-20]. https://www.fmprc.gov.cn/zflt/chn/zfgx/t1399623.htm.

④ 李克强会见莫桑比克总理多罗萨里奥[EB/OL].(2016-10-10)[2020-12-20]. http://www.xinhuanet.com/politics/2016-10/10/c_1119690110.htm.

等社会项目。中国在莫的投资呈多样性,有力地帮助了莫桑比克的发展。”同时,她还表示,“一带一路”倡议可实现与莫桑比克2015至2019年“五年发展计划”的对接,为莫桑比克顺利实现该发展计划提供助力。[①] 2018年6月4日,中国与莫桑比克经贸联委会第六次会议在马普托举行。中国商务部副部长钱克明在会上指出:“此次经贸联委会会议旨在加强中方‘一带一路’倡议与莫政府2015至2019年‘五年发展计划’的有效对接,统筹规划下一阶段双边经贸合作的优先领域和重点项目。中方愿与莫方共同努力,推动中非‘十大合作计划’在莫具体落实,促进两国经贸合作全面、深入发展。”莫外交与合作部部长若泽·帕谢科也表示莫方政府将给两国经贸合作提供一切必要的支持。[②] 2018年9月中非合作论坛期间,习近平主席会见莫桑比克总统纽西,纽西表示愿意扩大同中国在贸易、农业等领域的合作,加强在国际和地区事务中的相互支持。[③]论坛期间,两国签署了“一带一路”谅解备忘录,莫桑比克正式参与到“一带一路”的建设中来。

在“一带一路”框架下,近年来两国企业在各个领域都有着重要的项目合作。基础设施领域,2015年,安徽省外经建设集团公司(AFECC)开始建设Pungué河上的第二座大桥,标志着莫桑比克6号国道(EN6)项目进入施工建设阶段。这一项目由中国进出口银行提供融资,项目建成后将加强莫桑比克与南部非洲国家的互联互通。[④] 2018年11月10日,马普托—卡腾贝跨海大桥在莫桑比克首都马普托正式通车。这一大桥由中国路桥工程有限责任公司承建,中国出口信用保险公司承保,它的建成对于促进当地经济发展具有重大意义。路桥公司副总经理王利军详细介绍了这一项目的重要意义,他说:“马普托处在马普托湾的北部,和南部距离最窄的地方只有700米左右距离,但是历史上,从马普托主城区到南部的卡滕贝地区,需要绕着海

① 莫桑比克副外长:“一带一路”倡议可使各国优势互补、共同发展[EB/OL].(2017-05-15)[2020-12-20]. http://world.people.com.cn/n1/2017/0515/c1002-29276512.html.

② 中国与莫桑比克举行经贸联委会第六次会议[EB/OL].(2018-06-19)[2020-12-20]. https://baijiahao.baidu.com/s?id=1602383278485338303&wfr=spider&for=pc.

③ 习近平会见莫桑比克总统纽西:欢迎莫方积极参与“一带一路”合作[EB/OL].(2018-09-01)[2020-12-20]. http://www.chinanews.com/gn/2018/09-01/8616438.shtml.

④ 莫桑比克6号国道项目开工建设[EB/OL].(2015-04-13)[2020-12-20]. http://caijing.chinadaily.com.cn/2015-04/13/content_20422023.htm.

湾走160多公里才能到达。从(马普托湾)南岸再往南180公里左右就到了南非边境,再往南就是南非在印度洋一侧最大的港口——德班港。和南非接壤的区域也是莫桑比克南部最著名的海滨旅游胜地。所以说(这个项目)兼具了几个作用,最直接的是开发马普托海湾南岸的一片空白土地,为城市发展带来新的空间;另外,带动整个南部区域经济发展及旅游业开发;再往远处,(该项目的通车有利于莫桑比克)跟南非实现互联互通。”这一项目的成功,再一次在海外证明了中国的技术、中国的标准,是中国企业在“一带一路”沿线国家推动基础设施建设、促进互联互通的又一成功实践。①

能源和工业化领域,2016年,中港建设集团有限公司在莫桑比克彭巴市投资的德尔加督水泥厂一期工程正式投产运营。这一项目从启动到投产仅用了一年多时间,创下了“一带一路”走出去对外投资的新速度。据了解,莫桑比克彭巴及周围地区800公里以内还没有水泥生产厂家,而该地区发现了全世界储量第三的天然气田,多国石油公司已经开始实质性投资。该项目投产后,预计年产值2亿多元,年利润约2 000万元。一方面,解决当地的就业问题;另一方面,该项目将成为当地产业工人的培训基地,提高当地劳动力的整体素质。② 2017年6月1日,东非鲁伍马盆地莫桑比克4区块科拉尔气田浮式液化天然气一期项目启动仪式在莫桑比克首都马普托市举行。中国石油天然气集团公司持有该项目20%股权,是第二大股东。中国石油天然气集团公司董事长王宜林表示,中国石油将与合作方一起努力打造精品工程,同时积极参与推动莫桑比克油气工业体系建设。据莫桑比克总统纽西称,这一项目标志着莫桑比克正式步入了天然气商品化轨道,该项目的启动有利于促进经济增长。③

农业领域,2011年底,湖北万宝粮油有限公司与中非基金共同设立万宝公司,在莫桑比克加扎省启动水稻种植项目。万宝莫桑农业园项目是目前

① “天堑变通途”:中国建造助力莫桑比克推进互联互通[EB/OL].(2019-04-16)[2020-12-20]. http://news.cri.cn/20190416/2eba13d7-ffbf-7fed-cd66-b4431a8f1310.html.

② 积极融入“一带一路”战略 中港集团莫桑比克水泥厂投产[EB/OL].(2016-10-24) [2020-12-20]. http://fec.mofcom.gov.cn/article/fwydyl/zgzx/201610/20161001434036.shtml.

③ 中国公司参与的莫桑比克天然气项目启动[EB/OL].(2017-06-02) [2020-12-20]. http://news.xinhuanet.com/fortune/2017-06/02/c_1121078572.htm.

中国在非洲最大规模的水稻项目，也是中莫两国合作的重点项目之一。莫桑比克社会和科学研究所研究员塞尔吉奥·希沙瓦表示，该项目缓解了莫桑比克的粮食短缺问题。莫桑比克加扎省农业厅厅长保利诺认为，万宝项目为提高当地农业产量、改善百姓生活和增加就业发挥了积极作用，更引得邻近的邵奎地区拿出 1 000 公顷土地来效仿这种生产模式。[①] 除了提供新型农业模式外，中国还注重当地农业人才的培养。2007 年，湖北省农垦局所属的联丰海外农业开发有限责任公司承担了中莫农业合作技术示范中心的建设工作，并于 2011 年交由莫桑比克管理。这一中心是中国在非洲建立的第一个农业合作技术示范中心，主要任务之一是为莫桑比克试验、示范和推广农业技术，培训农技人才，解决粮食安全问题。[②]

林业资源领域，2018 年 6 月 16 日下午，中国国家林业和草原局与莫桑比克共和国土地、环境和农村发展部签署林业谅解备忘录，以支持两国在林业领域的投资、贸易、技术、民间交流、信息分享和能力建设等方面的合作。随后，在绿色“一带一路”助力企业走出去研讨会上，国家林业和草原局计财司外经处处长付建全表示：“两国林业合作是中国‘走出去’战略和‘一带一路’倡议与非洲发展战略对接的重要内容，谅解备忘录的签署将开创中莫林业合作新时代。”[③]

在“一带一路”倡议下，通过中非合作论坛及中国—葡语国家合作论坛这两个平台，中国将同莫桑比克取得了更多合作，实现了共同发展。

五、佛得角

佛得角是位于大西洋上的岛国，自 1976 年 4 月 25 日同中国建交以来，两国关系一直顺利发展，两国合作在多个领域内被不断推进。佛得角独立之初，中国对佛得角的发展就给予了大量支持和帮助，援建了佛得角一些最

---

① 农业现代化合作稳步推进[EB/OL].（2018-08-25）[2020-12-20]. https://www.sohu.com/a/249930634_630337.

② “授之以鱼不如授之以渔”：探访中莫农业合作技术示范中心[EB/OL].（2014-01-15）[2020-12-20]. http://news.cri.cn/gb/42071/2014/01/15/6071s4390950.htm.

③ 刘小丽，钱伟聪. 绿色“一带一路”助力企业走出去：中莫两国签署林业谅解备忘录[J].国际木业，2018(4)：1-2.

重要的基础设施和建筑，比如政府办公大楼、国民议会大厦、国家体育场，以及翻修总统府等。随后，两国在经济文化等领域也签署了合作文件。1982年5月15日，中佛两国签署了《中华人民共和国政府和佛得角共和国政府文化合作协定》，旨在加强两国文化交流。2009年8月，中国驻佛得角大使李春华和佛得角外交部部长若泽·布里托在佛得角首都普拉亚签署了中佛两国关于成立经济、贸易和技术合作联合委员会的协定，旨在进一步推动两国双边贸易合作。布里托表示，联委会将成为促进佛中经贸技术合作的重要平台，期待这一机制能够将两国经贸技术合作提高到新的水平。[①]

泡依崂水坝项目是中国援建佛得角基础设施建设领域的一个标志性项目。2004年12月，泡依崂水坝项目在佛得角圣地亚哥岛里贝拉干河谷开工。经过一年零四个多月的紧张施工，泡依崂水坝于2006年5月6日竣工。佛得角驻华大使罗穆阿尔多称：“水坝的建设受到佛得角全国人民的关注，最初，人们并不相信这能成功，但水坝最终建成了，且对佛经济发展和人民生活产生了重大影响，尤其是大大改善了当地人民的生活。佛得角主要有两个季节，雨季和旱季。雨季通常为7月到10月，旱季为11月到次年6月，因为降水不规律而发生过旱灾。因此，水坝建成之前，人们只有在雨季才能进行耕作。但是现在，即使几个月不下雨，人们也能够利用水坝的水进行耕种，获取生活来源。在泡衣崂水坝项目之后，又有其他水坝建成，进一步改善了人们的生活。”罗穆阿尔多还表示，希望进一步同中国进行不同方式的基础建设合作，比如港口和能源的投资。[②]

除了中国援建的项目外，两国近年来在中非合作论坛、中国—葡语国家经贸合作论坛机制下也不断加深合作。2015年12月，中非合作论坛约翰内斯堡峰会期间，习近平主席邀请17位非洲国家领导人参加早餐会，并与佛得角总统丰塞卡首次会面。丰塞卡对中非关系给予了高度评价，并表达了深

---

① 中国和佛得角签署成立经济合作联合委员会协定[EB/OL].(2009-08-25) [2020-12-20]. http://news.sohu.com/20090825/n266222050.shtml.

② 佛得角将融入一带一路框架：访佛得角共和国驻华大使[EB/OL].(2017-07-27) [2020-12-20]. http://m.haiwainet.cn/middle/3542588/2017/0810/content_31063334.html.

化两国多领域合作的希望。[①] 2016年10月，中国—葡语国家经贸合作论坛在澳门举行。中国国务院总理李克强在澳门会见了佛得角总理席尔瓦，李克强表示，中方愿同佛方加强政治互信，提升两国关系与合作水平，推动友好合作取得新成果。积极推进海洋经济、信息通信、旅游、教育、安全城市等领域合作，共同开展三方互利合作。我们愿同佛方分享交流发展减贫经验，也愿鼓励有实力的中国企业赴佛投资，实现互利双赢。[②]

对于"一带一路"倡议，佛得角多位政府官员都给予了高度评价。2017年5月20日，中国外交部长王毅访问佛得角，分别会见了佛总统丰塞卡、总理席尔瓦和外长塔瓦雷斯。佛方领导人表示，佛得角愿支持并参与"一带一路"倡议，进一步深化双方合作，同时希望中国能够助力佛得角建设圣文森特海洋经济特区、建设安全城市和社会居住项目，佛方愿意以圣文森特岛经济特区建设为契机积极融入"一带一路"建设。[③] 同年6月，第十二届"中国与葡语国家企业经贸合作洽谈会"系列活动在佛得角首都普拉亚举办。佛得角共和国现任驻华大使塔尼亚·罗穆阿尔多在接受《中国社会科学报》专访时重提了中国外交部长王毅与佛方领导人的会面精神，并对"一带一路"倡议给予高度评价，她说："现在的'一带一路'建设简直是一件不可思议的事情。实际上，'一带一路'一方面是新事物，另一方面又不是，因为它是复活的古丝绸之路。就目前来说，西非国家经济共同体(ECOWAS)国家并没有真正融入这一框架，或者说还没准备好加入这一框架。但是，佛得角很希望能融入这一框架。5月20日，中国外交部长王毅访问佛得角，会见了佛总统丰塞卡、总理席尔瓦和外长塔瓦雷斯。塔瓦雷斯就曾表示欢迎和支持习近平主席提出的'一带一路'倡议，并愿意以圣文森特岛经济特区建设为契机，积极融入'一带一路'建设。建立圣文森特岛海洋经济特区是当前佛得角政府最为优先的项目，这一项目是两国总理去年(2016)10月在澳门会晤

---

① 习近平主席与丰塞卡总统在南非会面[EB/OL].(2015-12-14) [2020-12-20]. https://www.mfa.gov.cn/ce/cecv/chn/zfgx/sbwl/t1324153.htm.

② 李克强会见佛得角总理席尔瓦[EB/OL].(2016-10-10) [2020-12-20]. http://cv.chineseembassy.org/chn/zfgx/sbwl/t1404612.htm.

③ 王毅外长访问佛得角，佛方希望积极融入"一带一路"倡议[EB/OL].(2017-05-22) [2020-12-20]. http://finance.sina.com.cn/roll/2017-05-22/doc-ifyfkqwe0552337.shtml.

时提出来的。佛中围绕建设圣文森特岛海洋经济特区项目开展的合作，对佛得角国家长远发展具有重要意义，因为它可以将海洋经济的一些相关方面和资源整合起来，推动经济发展。它还能够促进就业，改善人民生活。因此，从整体上来说，它会带动整个国家的经济发展。”[①]2018年6月8日，佛得角基础设施部长尤妮斯·席尔瓦在接受记者采访时表示，愿与中方在“一带一路”框架下加强合作，希望更多中国投资者主动探索新的在佛投资项目。2018年中非合作论坛北京峰会期间，佛得角与中方签署共建“一带一路”谅解备忘录，正式加入了“一带一路”倡议的建设。[②] 佛得角总理在论坛期间会见习近平主席时表示：“佛得角坚持一个中国原则，高度评价‘一带一路’倡议，认为(该倡议)是非洲的希望所在，期待积极参与。我参观了天津滨海新区，受到很大启发，佛方希望借鉴并开展有关合作。”[③]

圣文森特岛海洋经济特区规划项目是佛得角目前的重点项目，也是两国合作的一个重要标杆。佛得角外长塔瓦雷斯对该项目介绍说：“圣文森特岛海洋经济特区是近些年来中国与佛得角最大的合作项目。对于我们的合作请求，中方给予了快速回应，并积极地帮助我们进行项目规划。这个开发计划将推动佛得角的国际化，使我们国家在东大西洋沿岸得以发挥更重要的作用。此外，这也是一个‘蓝色经济’项目。我们打算在圣文森特岛上开发一个水上运动休闲中心，并开办一所海洋大学，专门研究与海洋经济相关的课题，如集装箱码头和港口物流等。我相信，这个项目能极大地推动佛得角的经济发展，同时将进一步深化同中国的合作。”[④]2018年1月，中国驻佛得角大使馆临时代办王峰和佛得角外交部对外政策总司长莫赖斯分别代表

---

① 佛得角将融入一带一路框架：访佛得角共和国驻华大使[EB/OL].(2017-07-27)[2020-12-20]. http://m.haiwainet.cn/middle/3542588/2017/0810/content_31063334.html.

② 我国已与非洲37国及非洲联盟签署共建“一带一路”谅解备忘录[EB/OL].(2018-09-07)[2020-12-20]. http://www.gov.cn/xinwen/2018-09/07/content_5320117.htm.

③ 习近平会见佛得角总理席尔瓦[EB/OL].(2018-09-06)[2020-12-20]. http://www.xinhuanet.com//politics/2018-09/06/c_1123389091.htm.

④ 国际在线.佛得角外交兼国防部长希望积极参与“一带一路”倡议 深化中佛各领域务实合作[EB/OL].(2018-09-04)[2020-12-20]. http://news.cri.cn/20180904/fc3dq3ec-e232-fdce-5269-916f91611e42.html.

两国政府签署关于援佛圣文森特岛海洋经济特区规划项目立项换文,[①]标志着这一项目正式启动,为两国合作推上了新的台阶。

相信佛得角作为非洲的葡语国家,能够在"一带一路"倡议下,以现有的中非合作论坛、中国—葡语国家经贸合作论坛为平台,实现与中国更深入的合作,促进国家经济发展和民生改善。

六、几内亚比绍

几内亚比绍是位于北大西洋沿岸的西非国家,是世界经济最不发达国家之一。中华人民共和国与几内亚比绍共和国于1974年3月15日建交。1990年5月26日,几比与台湾建立所谓"外交关系",5月31日,中国宣布中止同几比的外交关系。1998年4月23日,中、几比恢复外交关系。中、几比保持外交关系期间,中国为几内亚比绍援建了体育场、医院、稻谷技术推广站等项目。1998年两国复交后,中国同几内亚比绍开展多领域务实合作。[②]

与众多非洲国家一样,几内亚比绍对"一带一路"倡议充满了期待。2018年9月中非合作论坛北京峰会期间,国家主席习近平在北京人民大会堂会见几内亚比绍总统瓦斯。瓦斯表示:"感谢中方长期以来给予的宝贵支持。这次访华我去了几个地方。在湖南,我向袁隆平院士学习水稻种植技术,中国正在帮助几内亚比绍实现粮食自给自足。我还去了重庆,这是时隔14年再次访问这个城市。我发现重庆又取得了新的巨大发展。我十分钦佩中国的发展成就,多么希望我的国家能像中国一样发展。几比方愿借鉴中国治国理政、减贫方面的经验,以这次北京峰会为契机,积极参与共建'一带一路',拓展同中国的合作。"[③]同时,几内亚比绍驻华大使马岚·桑布在接受中新社记者专访时表示:"中国提出的'一带一路'倡议与非盟提出的'2063

① 中佛两国政府签署援佛得角圣文森特岛海洋经济特区规划项目立项换文[EB/OL].(2018-01-12) [2020-12-20]. http://cv.mofcom.gov.cn/article/jmxw/201801/20180102697457.shtml.

② 中国同几内亚比绍的关系[EB/OL].(2021-08) [2021-09-20]. https://www.fmprc.gov.cn/web/gjhdq_676201/gj_676203/fz_677316/1206_677752/sbgx_677756/.

③ 习近平会见几内亚比绍总统瓦斯[EB/OL].(2018-09-05) [2020-12-20]. http://www.xinhuanet.com/world/2018-09/05/c_1123385250.htm.

愿景'有许多共通之处,这给中非合作带来了前所未有的机遇。包括几内亚比绍在内的非洲国家希望,能进一步与'一带一路'倡议对接,推动自身发展。"此外,马岚·桑布还对近几年中国向几内亚比绍的援助表示感谢。[①] 论坛期间,几内亚比绍同中国签署了共建"一带一路"的合作谅解备忘录,成为首个与中国签署该备忘录的西非国家。

近年来在"一带一路"框架下,中国与几内亚比绍展开了深入的合作,合作主要集中于基础设施领域。2016 年 8 月 12 日,福建省人民政府在发布的《福建省"十三五"海洋经济发展专项规划》中指出,将重点引导企业建设几内亚比绍中国·西非远洋渔业产业园等。[②] 2018 年 4 月,安徽省交通规划设计院中标商务部援几内亚比绍西非沿海公路比绍至萨芬路段项目。报道称:"援几内亚比绍西非沿海公路比绍至萨芬路段项目是西非沿海公路的重要组成部分,系几内亚比绍引入中国技术标准的第一个道路项目,也是目前几内亚国内的最高技术标准。"[③]2018 年 8 月 31 日至 9 月 1 日,几内亚比绍总统若泽·马里奥·瓦斯在参加中非合作论坛北京峰会期间受邀参观三一长沙产业园。三一重工是全球装备制造业的领先企业,业务覆盖世界 150 多个国家和地区。瓦斯表示:"三一品牌在非洲拥有很强的号召力和知名度,深度参与了非洲多个国家的重点工程建设,做出的贡献有目共睹。……三一是'一带一路'的领军企业,深耕非洲多年,国际化经验丰富。"同时,他还指出几内亚比绍工业基础薄弱,希望三一能来投资设厂,期待双方未来的合作。[④]

七、圣多美和普林西比

圣多美和普林西比民主共和国是位于非洲西部的岛国,由圣多美岛和

---

① 几内亚比绍驻华大使:对接"一带一路"倡议开启对华关系新篇章[EB/OL].(2018-09-02) [2020-12-20]. http://www.chinanews.com/gn/2018/09-02/8616880.shtml.

② 关于印发福建省"十三五"海洋经济发展专项规划的通知[EB/OL].(2016-08-12) [2020-12-20]. http://hyj.xm.gov.cn/xxgk/zfxxgkml/gisfgh/201608/t20160812_1672739.htm.

③ [安徽]省交通规划设计院积极参与"一带一路"建设取得重点突破[EB/OL].(2018-04-24) [2020-12-20]. http://news.sina.com.cn/o/2018-04-24/doc-ifzqvvsa2690847.shtml.

④ "一带一路" | 几内亚比绍总统:期待三一深度参与国家建设[EB/OL].(2018-10-10) [2020-12-20]. https://wenku.baidu.com/view/133bd5814793daef5ef7ba0d4a7302768f996f52.html.

普林西比岛组成。2016 年 12 月 26 日，中国外交部部长王毅与圣多美和普林西比民主共和国外交部部长博特略在北京签署《中华人民共和国和圣多美和普林西比民主共和国关于恢复外交关系的联合公报》，恢复了两国中断 20 多年的外交关系。[①] 两国复交后，双边关系顺利发展，并在 2017 年签定了五年框架合作协议，协议规模达 1.46 亿美元，内容涵盖道路建设、卫生、社会住宅、机场跑道延长、农业技术协助、电力与健康照护等多样化支持。圣多美和普林西比总理这样评价两国复交，他说："恢复中断近 20 年的外交关系，为加强中国和圣普的合作铺平了道路。当下的中国，与 20 年前相比，已经完全处在另外一个发展阶段，国家能力也有了很大的变化。与此同时，圣多美也在人类发展领域取得了一系列成就。例如，89％的圣普人能够用上电，远超过非洲平均的 50％水平；70％的圣普人口能够使用清洁水源；大约所有人都能达到小学 6 年级的教育水平。这些新的发展意味着，中国和圣普的合作关系也将发生新的变化。在新格局下，圣普希望寻求一个战略性的合作伙伴，帮助我们扭转经济发展的方向。"[②]

2018 年 9 月，圣多美和普林西比总理特罗瓦达出席中非合作论坛北京峰会，这也是其首次参加峰会。论坛期间，国家主席习近平会见了特罗瓦达。双方对两国复交以来的外交关系给予了积极评价，并表示愿在"一个中国"前提下深化两国合作。特罗瓦达表示，"期待同各方一道，为构建更加紧密的中非命运共同体作出贡献"，"圣多美和普林西比坚定恪守'一个中国'原则，致力于与中国建立紧密关系，愿深化双方经济社会领域互利合作，助力圣普的发展"。[③]

两国关系的顺利发展也为两国企业合作提供了更广阔的空间。2018 年 11 月 7 日，圣多美和普林西比贸易、工业、农业和服务业商会代表达尼罗·阿奇阿尔在首届中国国际进口博览会上表示："作为一个小岛国，圣普需要

① 中国与圣多美和普林西比复交公报签字仪式在北京举行[EB/OL].（2016-12-26）[2020-12-20]. http://baijiahao.baidu.com/s? id=1554793767941730&wfr=spider&for=pc.

② 专访圣多美和普林西比总理：同中国复交近两年来的体会[EB/OL].（2018-09-07）[2020-12-20]. http://international.caixin.com/2018-09-07/101323478.html.

③ 习近平会见圣多美和普林西比总理特罗瓦达[EB/OL].（2018-09-05）[2020-12-20]. https://baijiahao.baidu.com/s?id=1610766967812170415&wfr=spider&for=pc.

和其他国家，特别是和中国这样拥有巨大潜力市场的国家加强互联互通。中国庞大的市场可以满足我国的出口需求。”他还表示：“我们希望通过进博会在技术、食品、服务等多个领域找到中方合作伙伴，达到合作双赢的目的。”[①]事实上，两国在复交之前就已开始一些合作。2015 年 10 月 7 日，中国港湾公司与圣多美和普林西比基础设施部部长在圣多美签署圣多美深水港项目 PPP 合作模式谅解备忘录。“圣多美政府计划在圣多美的 FERNAO DIAS 建设 2 个 7 万吨级和 1 个 15 万吨级的集装箱泊位，以及道路、堆场、给排水、供电、消防、通信、导航、房建、港作设备、拖轮等附属设施。项目拟分两期建设，预计总投资规模 8 亿美元。”[②]目前，该项目还在顺利进展中。

两国复交以后，在“一带一路”框架下，加深了合作。2018 年 3 月 10 日，陕建集团承建的中国援圣多美和普林西比道路整修及社区排水项目正式开工，该项目是我国国企在“一带一路”倡议下的又一重要实践。该项目于 2018 年 12 月 29 日竣工，竣工典礼在圣多美市隆重举行，圣普总理热苏斯、我国驻圣普大使王卫出席仪式并为项目揭牌。该项目是两国复交以来第一个竣工的成套项目。双方一致认为“该项目是中圣普友谊和合作的最新成果和例证，为新政府改善民生提供了重要帮助，为圣普实现可持续发展提供了重要支持”[③]。此外，圣多美和普林西比大学也将与湖北大学共建孔子学院，双方已于 2018 年 9 月签署了《关于合作设立圣多美和普林西比大学孔子学院的协议》。孔子学院的建成将促进汉语和中国文化在圣普的传播，更好地服务于“一带一路”建设。[④] 2019 年 3 月 27 日中国—葡语国家经贸合作论坛秘书处召开会议，宣布中国与葡语国家企业家经贸合作洽谈会于 2019 年

① 圣多美和普林西比期待加强同中国市场的联系与合作[EB/OL].(2018-11-08)[2020-12-20]. https://baijiahao.baidu.com/s? id=1616542397813890519&wfr=spider&for=pc.

② “邦交国”圣多美和普林西比向台湾求援深水港被拒　总统跑到大陆招商成功[EB/OL].(2015-10-29)[2020-12-20]. https://www.guancha.cn/Third-World/2015_10_29_339295.shtml.

③ 援圣多美和普林西比道路整修和社区排水紧急项目竣工典礼隆重举行[EB/OL].(2019-07-04)[2020-12-20]. http://www.jzrtqm/yangguangshangwang/8140.html.

④ 我校将与圣多美和普林西比大学共建孔子学院[EB/OL].(2018-09-06)[2020-12-20]. http://www.hubu.edu.cn/info/1316/28482.htm.

7月在圣普举办。[①] 这一洽谈会的举办为圣普和中国带来了更多合作机会。

八、东帝汶

东帝汶位于东南亚努沙登加拉群岛最东端,是世界经济最不发达国家之一,曾经为葡萄牙殖民地,目前葡萄牙语仍然是其官方语言。2002年5月20日,东帝汶正式独立,建立东帝汶民主共和国,中国于其独立当日宣布同东帝汶建立外交关系,成为世界上第一个与东帝汶正式建立外交关系的国家。2014年,中东双方建立了全面合作伙伴关系。两国建交以来,双边关系顺利发展,经贸合作不断深入。[②]

东帝汶对"一带一路"倡议一直表示积极支持。2014年,东帝汶总理沙纳纳访华,并与李克强总理在海南省三亚市举行会谈。李克强表示东帝汶是建设"21世纪海上丝绸之路"的重要一站,希望与东帝汶探讨务实合作,实现共同发展。沙纳纳对两国伙伴关系给予高度评价,并表示将积极参与"21世纪海上丝路"建设,为推进葡语国家与中国的合作发挥积极作用。[③] 2016年1月21日,国家副主席李源潮在瑞士达沃斯出席世界经济论坛2016年年会期间会见东帝汶总理阿劳若。阿劳若对中国长期以来对东帝汶的支持与帮助表示感谢,并愿与中方进一步深化各领域合作。[④] 2017年5月13日,东帝汶规划与战略投资部长夏纳纳来华出席"一带一路"国际合作高峰论坛,夏纳纳表示:"东方十分重视'一带一路'倡议,相信参与'一带一路'合作将使东帝汶国家和人民受益。东方愿同中方继续深化合作,不断提升两国关系发展水平。"[⑤]期间,中国同东帝汶签署共同建设"一带一路"合作谅解备忘

① 圣普将举办中国与葡语国家企业家经贸合作洽谈会[EB/OL].(2019-04-03)[2020-12-20]. http://st.mofcom.gov.cn/article/jmxw/201904/20190402849185.shtml.

② 中国同东帝汶的关系[EB/OL].(2021-08)[2021-09-20]. https://www.fmprc.gov.cn/web/gjhdq_676201/gj_676203/yz_676205/1206_676428/sbgx_676432/.

③ 李克强同东帝汶总理沙纳纳举行会谈[EB/OL].(2014-04-09)[2020-12-20]. http://politics.people.com.cn/n/2014/0409/c1024-24859977.html.

④ 李源潮会见东帝汶总理阿劳若[EB/OL].(2016-01-22)[2020-12-20]. http://news.xinhuanet.com/politics/2016-01/22/c_1117856061.htm.

⑤ 外交部副部长刘振民会见东帝汶规划与战略投资部长夏纳纳[EB/OL].(2017-05-14)[2020-12-20]. https://news.sina.com.cn/o/2017-05-17/doc-ifyfkkmc9461963.shtml.

录，标志着东帝汶正式参与到“一带一路”建设中来。同年5月19日至20日，习近平主席特使、全国人大常委会副委员长张平在帝力出席东帝汶新总统卢奥洛就职仪式和东帝汶恢复独立15周年庆典，并会见卢奥洛总统。双方对两国一直以来的友好关系给予积极评价，卢奥洛表示东方支持并积极参与“一带一路”建设，愿同中方进一步加强各领域合作，不断提升两国关系发展水平。[①]

东帝汶基础设施薄弱，而“一带一路”倡议将合作重点放在基础设施建设上，这一点与东帝汶现有的发展战略相契合。2017年9月6日，驻东帝汶大使刘洪洋在《东帝汶之声》发表署名文章《一起走，才能赢——东帝汶人民的期盼，就是中东合作的方向》，文中称：“当前，东帝汶仍处于国家建设的初级阶段，急需吸引更多外来投资，加大基础设施建设，为经济长期稳定发展奠定坚实基础；同时，东帝汶地处印度洋和太平洋的交汇地带，是海上丝绸之路的重要沿线国家，地理位置得天独厚；最后，中东两国人员往来日益密切，两国人民情谊源远流长。因此，在东推进‘一带一路’合作可谓天时地利人和三者皆备，契合了东国家发展的需要，契合了东人民提高生活水平的渴望，契合了中东双边关系长期友好发展的方向。”[②]双方近年来在基础设施领域的合作取得了丰硕成果。2018年11月17日，由中海外－中铁一局东帝汶联营体公司承建的东帝汶苏艾高速公路一期项目正式通车。该公路是东帝汶第一条高速公路，也是目前东帝汶最大的基础设施项目，是中国企业参与“一带一路”建设，实现互联互通的又一重要实践成果。东国务部长兼部长理事会部长佩雷拉代表东总理鲁瓦克发表讲话，他说：“苏艾高速公路项目是东规划中的南部石油城的重要交通线，对东未来发展意义重大，东政府高度重视并积极推动落实。感谢承建方为项目一期建成通车付出的辛勤汗

① 习近平主席特使张平出席东帝汶新总统卢奥洛就职仪式和东帝汶恢复独立15周年庆典[EB/OL]. (2017-05-20) [2020-12-20]. http://www.xinhuanet.com/2017-05/20/c_1121007165.htm.

② 刘洪洋大使就“一带一路”倡议以及中国与东帝汶互利务实合作在东主流媒体发表署名文章[EB/OL]. (2017-09-06) [2020-12-20]. https://www.mfa.gov.cn/ce/cet//chn/sgdt/t1490500.htm.

水，希望未来双方继续保持良好合作。”[①]2018 年 9 月 7 日，东帝汶帝巴湾新集装箱码头项目正式开工。该项目由中国港湾总承包、四航局承建，是东帝汶建国以来最重要的基建项目之一。[②] 2019 年 2 月 6 日大年初二，驻东帝汶大使肖建国考察该项目，他指出蒂坝港项目是中东重点合作项目之一，要争取又好又快完成工程施工，为中东友好关系及“一带一路”建设做出贡献。[③]

除了基础设施领域，两国也展开了海洋渔业领域的合作。2016 年 10 月 12 日，浙江省舟山市与东帝汶在澳门举行“舟山—澳门—东帝汶渔业合作洽谈会”，希望共同推进舟山市企业赴东帝汶进行渔业捕捞、水产加工等海洋合作项目。据报道，舟山宁泰远洋渔业有限公司投入 4 000 万人民币的远洋船只驶入该国海域，该企业计划以此项目为“敲门砖”，其后有意与当地合作开展水产养殖、冷链仓储物流等产业。[④] 同年 11 月 19 日，东帝汶政府批准中国福州宏龙海洋水产有限公司 15 艘渔船来东开展捕鱼合作，标志着中东渔业合作的正式启动。东帝汶国务部长埃斯塔尼斯劳表示，除了捕鱼合作，中方企业还将投资建设相关码头、养殖场、加工厂等设施，开启东渔业发展的新篇章。[⑤]

文化交流方面，2019 年 3 月 5 日，中国驻东帝汶大使肖建国与东帝汶传媒国务秘书阿卡拉分别代表两国政府签署了中国援东帝汶数字电视项目实施协议。该项目的主要内容为中国帮助东建设一个地面数字电视传输系统示范项目。项目建成后，帝力及其周边地区超过 20 万居民可收看数十套高清数字节目，其中包括中国出品的优质电视节目。这一举措有利于促进两

---

① 驻东帝汶大使肖建国出席苏艾高速公路一期项目通车仪式［EB/OL］.(2018-11-17)［2020-12-20］. https://www.mfa.gov.cn/ce/cetl/chn/zdgx/jmhz/t1614054.htm.

② 东帝汶帝巴湾新集装箱码头项目正式开工［EB/OL］.(2018-09-07)［2020-12-20］. https://www.ccccltd.cn/news/jcxw/jx/201809/t20180907_94192.html.

③ 暖心！使节们在春节期间慰问海外工程人员和教师［EB/OL］.(2019-02-12)［2020-12-20］. https://m.thepaper.cn/newsDetail-forward-2975561.

④ 中国东帝汶藉澳门平台拓海洋合作［EB/OL］.(2016-10-13)［2020-12-20］. https://www.gov.mo/zh-hans/news/141601.

⑤ 刘洪洋大使出席中国和东帝汶捕鱼合作启动仪式［EB/OL］.(2016-12-26)［2020-12-20］. http://easttimor.mofcom.gov.cn/article/zxhz/hzjj/201612/20161202380120.shtml.

国文化交流和人民友谊。[①]

九、中国澳门特别行政区

澳门地处中国东南沿海，历史上曾受葡萄牙的殖民统治，1999 年 12 月 20 日回归中国，并且保留了葡萄牙语作为当地的官方语言之一。在“一国两制”的政策下，中央政府设立澳门特别行政区，并给予了澳门高度自治权。回归之后，依托独特的地理位置、制度优势和中央政策扶持，澳门经济迅速发展。

自“一带一路”倡议提出以来，澳门就以其独特的优势成为“一带一路”建设的重要节点城市。2015 年 3 月 28 日，国家发展改革委、外交部、商务部联合发布了《推动共建丝绸之路经济带和 21 世纪海上丝绸之路的愿景与行动》，文中特别强调：要“深化与港澳台合作，打造粤港澳大湾区”，“发挥海外侨胞以及香港、澳门特别行政区独特优势作用，积极参与和助力‘一带一路’建设”。[②] 2017 年，在香港回归 20 周年之际，香港特别行政区行政长官林郑月娥、澳门特别行政区行政长官崔世安、国家发展和改革委员会主任何立峰、广东省省长马兴瑞于 7 月 1 日在香港共同签署了《深化粤港澳合作 推进大湾区建设框架协议》，为湾区建设规划了蓝图。澳门自身也特别注重融入“一带一路”倡议，澳门特别行政区政府于 2017 年和 2018 年连续举办两届“一带一路”与澳门发展国际研讨会。在 2018 年研讨会闭幕式上，澳门特别行政区政府政策研究室主任刘本立表示：“澳门特区政府高度重视与民间的通力合作，连续两年共同举办‘一带一路’与澳门发展国际研讨会，对政府与民间智库创新合作发展进行持续尝试，进一步强化共商、共建、共享的氛围。”[③]2019 年 2 月 18 日，中共中央、国务院印发了《粤港澳大湾区发展规划

① 中国援东帝汶数字电视项目实施协议顺利签署[EB/OL].（2019-03-11）[2020-12-20]. https://www.yidaiyilu.gov.cn/xwzx/hwxw/82081.htm.

② 授权发布：推动共建丝绸之路经济带和 21 世纪海上丝绸之路的愿景与行动[EB/OL].（2015-03-28）[2020-12-20]. http://www.xinhuanet.com/world/2015-03/28/c_1114793986_2.htm.

③ 2018“一带一路”与澳门发展国际研讨会圆满闭幕[EB/OL].(2018-06-07）[2020-12-20]. http://baijiahao.baidu.com/s? id=1602594111069400820&wfr=spider&for=pc.

纲要》，纲要对澳门的发展作出具体的规定，提出澳门要"建设世界旅游休闲中心、中国与葡语国家商贸合作服务平台，打造以中华文化为主流、多元文化共存的交流合作基地，促进经济适度多元发展"，即"一个中心"、"一个平台"和"一个基地"。①

在2010年通过的《关于制定国民经济和社会发展第十二个五年规划的建议》中，中央政府就提出要"支持澳门建设世界旅游休闲中心，促进经济适度多元发展"②。旅游业一直是澳门的支柱产业，这一规划与澳门自身丰富的旅游资源和发展需要相匹配。"澳门历史城区"是中国境内现存最古老、规模最大、保存最完整、最集中的中西特色建筑共存的历史城区，于2005年7月15日被联合国教科文组织第29届世界遗产委员会会议列入《世界遗产名录》，成为中国的第31处世界遗产。除了历史城区外，近年来娱乐和博彩业的发展，使得威尼斯人、银河、美高梅、永利等在内的世界顶级酒店品牌也纷纷入驻澳门，提供了高水准的旅游硬件设施。为了提高澳门旅游业的国际地位，2012年，由澳门特别行政区政府社会文化司主办，中华全国工商联合会授权全联旅游业商会构思、策动及协办，世界旅游经济研究中心筹办的首届世界旅游经济论坛在澳门举办，论坛每年一届，至今已举办八届。在首届世界旅游经济论坛上，中国人民政治协商会议全国委员会副主席暨世界旅游经济论坛大会主席何厚铧表示："澳门是连接中国与世界的桥梁，旅游业也是澳门经济的重要支柱产业，我们享有旅游及相关经济产业的发展经验；澳门与内地的社会及经济发展一向以来关系密切，中央人民政府对澳门特区发展给予大力支持，实现经济的适度多元化，朝向'世界旅游休闲中心'迈进。因此，世界旅游经济论坛，无论对澳门、中国以至全球的未来发展，都具有重大而深远的意义。"③近几年的论坛主题紧紧围绕"一带一路"倡议展

---

① 中共中央　国务院印发《粤港澳大湾区发展规划纲要》[EB/OL].（2019-02-18）[2020-12-20]. http://www.gov.cn/gongbao/content/2019/content_5370836.htm.

② 关于制定国民经济和社会发展第十二个五年规划的建议 [EB/OL].（2010-10-18）[2020-12-20]. https://baike.baidu.com/item/关于制定国民经济和社会发展第十二个五年规划的建议/6552817? fr=aladdin.

③ 首届世界旅游经济论坛盛大开幕[EB/OL].（2012-09-10）[2020-12-20]. http://finance.sina.com.cn/hy/20120910/112213092676.shtml.

开，如 2014 年的“海上丝绸之路——由澳门出发”，2015 年的“一带一路——释放文化旅游经济新动力”以及 2017 年“区域合作互联互通 旅游经济共商共建”。在 2018 年第七届世界旅游经济论坛闭幕典礼上，澳门特别行政区政府社会文化司司长、世界旅游经济论坛执行主席谭俊荣指出：“‘一带一路’倡议是推动全球旅游经济发展的重大契机，粤港澳大湾区也正成为中国经济最具活力的开放型区域。澳门是‘中国海上丝绸之路旅游推广联盟’，以及‘粤港澳大湾区城市旅游联合会’的成员，我们愿竭尽所能，为欧盟各国与中国的旅游经济合作架设便捷的桥梁，促成更多更具成效的互动，积极探索合作创新、产品创新和服务创新。”①同时，澳门当地每年还举办包括澳门国际音乐节、澳门文化节、格兰披治大赛车等多个节庆盛事。2017 年，澳门被联合国教科文组织评定为“创意城市美食之都”，为其增添了新的国际名片。凭借这些优势，澳门“一个中心”建设取得了卓越成绩。2017 年，澳门入境旅客人数持续增加，达 3 261 万，同比增长 5.4％，国际旅客量创下历史新高，达到 310 多万人次，同比上升 6.2％。②

将澳门作为中国与葡语国家商贸合作的服务平台，是中央政府对澳门发展战略的另一重要定位。2014 年，习近平主席在庆祝澳门回归祖国 15 周年大会暨澳门特别行政区第四届政府就职典礼上讲话时表示：“要善于从长计议，抓住国家全面深化改革的重大机遇，围绕建设世界旅游休闲中心、中国与葡语国家商贸合作服务平台的发展定位，推动澳门经济适度多元可持续发展。”③国家“十三五”规划也提出支持澳门建设中葡商贸合作服务平台。2016 年 2 月 22 日，新一期《澳门特别行政区公报》出版，澳门特别行政区行政长官批示设立“中国与葡语国家商贸合作服务平台发展委员会”，为更充分利用澳门特区的自身独特优势，考虑到目前“中国与葡语国家商贸合作服

① 世界旅游经济论坛·澳门 2018 圆满结束[EB/OL].(2018-10-26)[2020-12-20]. http://travel.sina.com.cn/domestic/news/2018-10-26/detail-ifxeuwws8325663.shtml.

② 澳门世界旅游休闲中心建设稳步推进[EB/OL].(2018-05-30)[2020-12-20]. http://www.zlb.gov.cn/2018-05/30/c_129883303.htm.

③ 习近平在庆祝澳门回归祖国 15 周年大会暨澳门特别行政区第四届政府就职典礼上的讲话全文[EB/OL].(2014-12-21)[2020-12-20]. http://cpc.people.com.cn/n/2014/1221/c64094-26246398.html.

务平台"的建设工作已取得一定进展，为加快进度及提升效率，有必要整合与此相关的各公共行政领域的职能部门及实体。① 这一服务平台及发展委员会的建设，依托于中国—葡语国家经贸合作论坛这一机制（以下简称中葡论坛）。中葡论坛成立于2003年，是以经贸促进与发展为主题的政府间多边合作机制，目前已举行五次部长级会议。论坛成立至今促成了中葡双方的多个合作项目，在促进澳门的经济发展以及中国与葡语国家的经贸合作方面取得了丰硕成果。商务部2016年工作年终综述称："近年来，以中葡论坛为依托的澳门平台建设为澳门当地的中小企业赢得了越来越多的市场机会和国际发展机会。如澳门企业在莫桑比克、佛得角等市场的公共住房、休闲旅游等领域建设投资增强了澳门在当地的影响力；在安哥拉、葡萄牙等三方和诸方合作当中，澳门企业以咨询企业、酒店服务企业等各种形式积极参与到中葡合作当中；澳门的企业还积极促成了多个内地、澳门与葡语国家的农业和能源合作项目；澳门商协会在上海市、广东省顺德市等地设立产品展示中心，将葡语国家产品成功引入到内地市场，不断拓展新的发展空间。"② 2018年3月21日，中国—葡语国家经贸合作论坛（澳门）成立十五周年暨中葡平台建设座谈会在澳门举行，参与各方都一致同意让中葡论坛更好地服务于中国与葡语国家经贸关系的持续发展，服务于澳门经济社会建设，服务于"一带一路"倡议，并为构建人类命运共同体贡献一分力量。③ 澳门将更好地发挥中葡论坛的作用，促进中葡商贸合作服务平台建设取得更积极的进展。

2017年的《深化粤港澳合作 推进大湾区建设框架协议》提出将澳门打造成以中华文化为主流、多元文化共存的交流合作基地。2019年《粤港澳大湾区发展规划纲要》重申了这一要求。对此，澳门学者同盟监事连信森、澳

---

① 澳门成立中国与葡语国家商贸合作服务平台发展委员会[EB/OL].(2016-02-24)[2020-12-20].https://china.huanqiu.com/article/9CaKmJU301.

② 商务部：澳门中葡商贸合作服务平台建设取得积极进展[EB/OL].(2017-02-07)[2020-12-20].http://www.gov.cn/xinwen/2017-02/07/content_5166124.htm.

③ 中国—葡语国家经贸合作论坛（澳门）成立十五周年暨中葡平台建设座谈会[EB/OL].(2018-03-22)[2020-12-20].http://tga.mofcom.gov.cn/article/zt_zp2003/lanmutwo/201803/20180302724112.shtml.

门经济学会会员邱志桦在2017年撰文指出:“这一目标的提出,是对澳门深厚文化积累的重视,对于大湾区建设也具有重要意义。广东、香港及澳门三地文化的交流合作,有助于实现湾区的软联通,助力文化大湾区的发展。澳门被誉为中西文化交汇之地,拥有兼容并蓄的文化交流环境,可在湾区的文化建设中彰显独有优势,可依托中葡交汇的文化传统,在文化交流、民间交往等领域与其他湾区城市开展合作,从而促进湾区居民的相互交往,增强大湾区的凝聚力、向心力及国际影响力。”同时文章还指出,这一目标与澳门特区首份《五年发展规划》中提出的打造文化之城的发展方向相契合。① 2019年4月7日,澳门特区政府文化局在塔石广场举行首届文化传播日活动,并将4月7日定为澳门“文化传播日”以加强市民对文化传播理念的重视,推动文化传播工作,更好地传承中华传统文化。② 这一活动进一步落实了《粤港澳大湾区发展规划纲要》赋予澳门“打造以中华文化为主流、多元文化共存的交流合作基地”的使命。

2019年12月20日,习近平在庆祝澳门回归祖国20周年大会暨澳门特别行政区第五届政府就职典礼上的讲话中指出,澳门参与共建“一带一路”和粤港澳大湾区建设取得了积极进展。要发挥澳门中西文化荟萃的优势,助力国际人文交流,促进世界文明互鉴。③

第二节 “一带一路”倡议为中国葡萄牙语教学带来的机遇与挑战

“一带一路”倡议为中国的葡语教学在多个方面带来了新的机遇与挑战。首先,跨文化能力培养迎来了新高度。在全球化和多元化时代,不同文

① 澳门学者探讨“文化交流合作基地”方略[EB/OL].(2017-09-26)[2020-12-20]. http://hm.people.com.cn/n1/2017/0926/c42272-29558934.html.

② 澳门举行首届文化传播日活动[EB/OL].(2019-04-08)[2020-12-20]. https://baijiahao.baidu.com/s? id=1630205518708321675&wfr=spider&for=pc.

③ 习近平在庆祝澳门回归祖国20周年大会暨澳门特别行政区第五届政府就职典礼上的讲话[EB/OL].(2019-12-20)[2020-12-20]. http://www.gov.cn/xinwen/2019-12/20/content_5462807.htm.

化以前所未有的频率和维度进行着互动，这些互动使文化在开放状态下不断变化和融合。这就为葡语教学中的跨文化能力培养提出了新要求。教师应当不断学习，树立与时俱进的文化观，以多元化、动态化、多模态的方式理解跨文化能力在新时代的新要求。在葡语教学中，灵活处理语言技能与文化的关系，重视跨文化能力培养；同时，不仅要重视不同对象国的文化多元化涉猎，更要突出文化的对比与反思，培养学生的文化自信和对中华民族核心价值观的认同感，引导学生形成对外传播中国文化的意识，用葡语讲好中国故事。

其次，复合型外语人才培养迎来"葡语＋"新模式。葡语国家和地区积极参与"一带一路"倡议，国际合作需要葡语人才的保障。葡语国家和地区在历史文化、政治体制、地理环境、宗教信仰、民俗民风等方面具有很大差异，要减少葡语国家和地区的语言障碍和文化隔阂，离不开对葡语人才的培养。2016 年，教育部印发了《推进共建"一带一路"教育行动》，全面阐释了"一带一路"建设的语言人才需求和人才培养目标与路径。通过本章的综述，我们知道，中国与葡语国家在贸易合作、能源开放、基础设施建设、科技研发、文化交流等方面需要大量既精通葡语，同时又掌握某一领域专业知识的复合型人才。目前，已有 50 余所中国高校开设葡语课程，然而大部分学校起步较晚，教师队伍年轻。这是葡语教学发展的新机遇，青年教师可以选择某一专业领域继续深造，进行科研活动，将研究成果运用到教学实践当中去。目前，已有很多青年教师选择专攻国际政治、经贸、社会学、艺术学、历史学等不同学科领域。在开设葡语专业的高校中，有经贸、理工、传媒、科技等多方面学科特色的综合院校。"葡语＋"就是要结合所在院校的强势学科和葡语教师的研究方向，培养具有某一领域专业知识的复合型人才，服务国家发展需求。

再次，培养模式改革与课程改革迎来新探索。结合"一带一路"倡议需要，培养模式应当强化学生综合应用能力的培养，加强学生的葡语口译、笔译、经贸往来实践等应用能力，重视葡语国家和地区社会文化类课程，系统化培养学生对葡语国家和地区的了解，尤其是非洲和亚洲的葡语国家和地区。在课堂教学中，各高校积极推进教学改革，在葡语课堂上，也应不断创新教学方法，实现线上线下结合、多模态教学,以期发挥学生的主动性,增强学生的参与度。

最后,葡语教学迎来全新的合作机遇。"一带一路"倡议为葡语教学带来的新挑战,不是每个高校单打独斗就可以战胜的。应适当扩大校际合作,在教学方法、教材选用、课程设置、学科建设、人才培养、科研发展等多领域进行合作。此外,人才培养也是全社会的责任,应当加强校企合作,重视产学研一体化发展。在对外合作方面,可以加强与巴西和非洲葡语国家的合作,为学生提供接触葡语国家文化的机会,为其毕业后服务国家"一带一路"倡议做好准备。

第四章
中国葡萄牙语教学的规划与评价系统

本章将从高校教学设置和评教系统两个方面，探讨当前中国高校葡语教学在规划与设置与跨文化能力培养有关的方针，并结合国家“一带一路”倡议，分析其发展前景。

第一节　高校教学设置

本研究调查了中国8所高校的葡语本科专业课程设置情况，在本小节将针对其基本情况进行分析。需要强调的是，分析只在本研究的重点——跨文化能力培养——方面进行，并未全面探究这些高校的课程设置情况。为了保护被调查学校的隐私，这里用字母代替高校名字。各高校的课程名称和课程类型差别较大，在不影响表达内涵的情况下，汇总中对部分课程名称和类型名称略有改动。

A大学的专业基础课有18门，分别是“专业导论”“基础葡萄牙语(1)”“基础葡萄牙语(2)”“中级葡萄牙语(1)”“中级葡萄牙语(2)”“葡萄牙语听力(1)”“葡萄牙语听力(2)”“葡萄牙语听力(3)”“葡萄牙语听力(4)”“葡萄牙语口语(1)”“葡萄牙语口语(2)”“葡萄牙语口语(3)”“葡萄牙语阅读(1)”“葡萄牙语阅读(2)”“葡萄牙语阅读(3)”“葡萄牙语写作(1)”“葡萄牙语写作(2)”“葡萄牙语名篇阅读”。这些课程共65学分，除“葡萄牙语名篇阅读”开设于本科三年级秋季学期外，其余课程均开设于本科一、二年级。专业发展课程有28门，分别是“高级葡萄牙语(1)”“高级葡萄牙语(2)”“葡萄牙语语音”“葡萄牙语技术词汇”“葡萄牙语视听说(1)”“葡萄牙语视听说(2)”“葡萄牙语外台听力”“葡萄牙语报刊阅读(1)”“葡萄牙语报刊阅读(2)”“葡萄牙语翻译(1)”“葡萄牙语翻译(2)”“葡萄牙语口译(1)”“葡萄牙语口译(2)”“葡萄牙语应用文写作”“经贸葡萄牙语”“葡萄牙文学史”“葡萄牙文学作品选读”“巴西文学作品选读”“葡萄牙语影视作品鉴赏”“葡萄牙语国家文化”“中国与西葡语国家交往史”“西葡语国家经贸状况研究”“旅游葡萄牙语”“论文写作”“葡萄牙语国家文学史”“葡萄牙语国家概况”“巴西文化导论”“中国文化概论(葡萄牙语)”,包含必修课、限选课和任选课,除“高级葡萄牙语(1)”和“高级葡萄牙语(2)”每门课6学分外,其余课程均为2学分。除“葡萄牙语语音”和“葡萄牙语技术词汇”外,其余课程均开设于本科三、四年级。

A大学虽然未将葡语国家文化相关课程列入专业基础课程中,但在专业发展课程的一系列选修课程,如“葡萄牙文学史”“葡萄牙语影视作品鉴赏”“中国与西葡语国家交往史”“葡语国家文学史”“葡萄牙语国家概况”“巴西文化导论”“中国文化概论(葡萄牙语)”等,这些课程多方面、多角度地对葡语国家文化进行讲授。值得注意的是,无论是专业基础课还是专业发展课,所有课程都设有理论学时和实践学时,让学生可以多维度进行葡萄牙语专业训练。值得特别关注的是,选修课中用葡萄牙语教授的“中国文化概论”打破了以葡语国家文化为主要授课内容的局面。在“一带一路”倡议下,中国与葡语国家交流加深,我们既要了解对象国的文化,也应学会如何利用所学语言将本国的优秀文化传播出去,实现文化的双向交流。

B大学共有12门专业必修课。“基础葡萄牙(1)”“基础葡萄牙(2)”“中级葡萄牙语(1)”“中级葡萄牙语(2)”“高级葡萄牙语(1)”“高级葡萄牙语(2)”分别开设于本科一、二、三年级,共44学分。“葡萄牙语初级口语”“葡萄牙语中级口语”“葡萄牙语初级听力”“葡萄牙语中级听力”等开设于本科一、二年级,共15学分。“翻译理论与实践(1)”和“翻译理论与实践(2)”开设于本科三、四年级,共8学分。另开设10门专业选修课,共30学分。“葡萄牙语初级阅读”“葡萄牙语高级阅读”开设于本科一、二年级。“葡萄牙语初级写作”“葡萄牙语中级写作”“葡萄牙语报刊阅读”“葡萄牙语文化导论”“葡萄牙语实用语法”“葡萄牙语口译”“巴西文学导读”“葡萄牙语国情”等开设于本科三、四年级。

B大学在必修课程方面注重语言能力的培养；选修课程中，“葡萄牙文化导论”“巴西文学导读”“葡萄牙语国家国情”等课程都涉及了葡语国家文化领域，尤其是对葡萄牙和巴西两个较为主要且与中国联系较为密切的葡语国家的文化了解。此外，在选修课程“葡萄牙语报刊选读”中，除了对语法、写作的学习外，报刊中所涉及的时事以及风土人情也在一定程度上可以作为对葡语国家文化学习的补充材料。

C大学的专业必修课共有11门课。“葡萄牙语精读”“中文读写”“葡萄牙语口语”“葡萄牙语听力”“葡萄牙语泛读”“葡萄牙语应用”开设于本科一、二年级，共56学分。“葡萄牙语写作”“葡萄牙语高级阅读与写作”“葡汉翻译实践”“交替传译”“论文指导与写作”开设于本科三、四年级，共计18学分。专业选修课有“葡萄牙语国家文学”“笔译理论与实践”“葡萄牙语听说”3门课，开设于本科二、三年级，学生应修满18学分。

C大学对葡萄牙语专业学生的培养方案更侧重于专业实操能力的培养，尤其是交替传译和笔译方面。在专业必修课和选修课中共有4门课程与翻译相关，然而除了“葡萄牙语国家文学”外，并没有其他的课程从更多的层面系统地介绍葡语国家文化。增设和文化相关的课程不仅会辅助学生对语言现象的理解，而且对日后就业和未来生涯的规划也大有裨益，因此还是很有必要的。值得关注的是，C大学的所有课程均包含课堂学时和实践学时，培养学生葡萄牙语基础能力的同时，为课外应用和拓展提供了机会，有利于发展学生的分析能力和思辨能力。从这个层面来讲，实践课时也有利于学生的跨文化能力发展。

D大学的专业必修课有18门。其中“基础葡萄牙语(1)”“基础葡萄牙语(2)”“基础葡萄牙语(3)”“基础葡萄牙语(4)”“葡萄牙语会话(1)”“葡萄牙语会话(2)”“葡萄牙语会话(3)”“葡萄牙语视听说(1)”“葡萄牙语视听说(2)”“葡萄牙语视听说(3)”开设于本科一、二年级，共计56学分。“葡萄牙语精读”“葡萄牙语写作”“经贸应用文(葡)”“文学选读(葡)”“翻译理论与实践(葡译汉)”“翻译理论与实践(汉译葡)”“经贸谈判(葡)”“经贸文章选读(葡)”课程开设于本科三、四年级，共计30学分。专业选修课有“葡萄牙语阅读(1)”“葡萄牙语阅读(2)”“葡萄牙语阅读(3)”、“葡萄牙语语法”“葡萄牙语视听说(4)""葡萄牙语视听说(5)""葡萄牙语视听说(6)""葡萄牙语国家概论""葡萄牙语报刊选读""葡萄牙语口译"10门课,除"葡萄牙语报刊阅读"为4学分外,其他课程均为2学分,共应选修20学分。

D大学在培养学生方面较为全面。在本科一、二年级修读完基础课程打好葡萄牙语语言基础之后,在本科三、四年级选修课内容中涉及"葡萄牙语国家概论""葡萄牙语报刊阅读""文学选读(葡)""经贸应用文(葡)""经贸文章选读(葡)""经贸谈判(葡)"等。这一系列的特色课程既结合了语言专业和不同学科特色,又可以让学生从新的角度来认识葡萄牙语国家的经济和文化发展情况,这一点在国内其他开设葡语专业的高校中较少涉及。随着"一带一路"倡议的发展,中国与葡语国家往来联系愈加密切,了解对象国文化和经济局势也变得越来越重要。在新的形势下,对人才需求也提出了新的要求,"外语+"人才培养模式逐步形成。D大学的课程设置在讲授葡萄牙语基础知识的同时,突出了专业特色,有利于培养学生的文化对比和探索能力。

E大学的专业核心课程有7门。"基础葡萄牙语(1)""基础葡萄牙语(2)""基础葡萄牙语(3)""葡萄牙语视听说(1)""葡萄牙语系统语法"开设于本科一、二年级,共38学分。"高级葡萄牙语(1)"和"高级葡萄牙语(2)"开设于本科三、四年级,共16学分。大类平台课程共3门,分别为"葡语国家文化""巴西概论""葡萄牙历史",开设于本科三、四年级,共10学分。专业方向课程有6门,分别为"葡萄牙语阅读""非洲葡语国家概况""葡萄牙文学史""葡萄牙语应用文""葡萄牙语报刊选读""巴西文学史",开设于本科三、四年级,应选修3学分。以上课程均以理论学时和实践学时结合的方式授课。另外,专业实践课程5门,分别为"葡萄牙语会话""葡萄牙语翻译理论与实践""葡萄牙语视听说(2)""葡萄牙语写作""葡萄牙语口译",共18学分。

E大学的课程设置在文化内容方面较为全面。设有"葡语国家文化""巴西概论""葡萄牙历史""非洲葡语国家概况"等与文化直接相关的科目,涵盖了主要的葡语国家历史、文化、国情,对于学生全面了解葡语国家有重要意义。此外,E大学非常注重实践教学,除开设专业实践课程之外,所有专业核心课程均有实践学时,打破了传统课堂边界,有利于培养学生的语言应用能力和文化对比能力。

F大学的专业核心课程有19门。“基础葡萄牙语(1)”“基础葡萄牙语(2)”“基础葡萄牙语(3)”“基础葡萄牙语(4)”“葡萄牙语视听说(1)”“葡萄牙语视听说(2)”“葡萄牙语视听说(3)”“葡萄牙语视听说(4)”“葡萄牙语口语(1)”“葡萄牙语口语(2)”“葡萄牙语口语(3)”“葡萄牙语口语(4)”“葡萄牙语国家文化(1)”“葡萄牙语国家文化(2)”开设于本科一、二年级,共44学分。“高级葡萄牙语(1)”“高级葡萄牙语(2)”“高级葡萄牙语(3)”“多用途葡萄牙语写作”“葡萄牙语笔译”开设于本科三、四年级,共16学分。葡萄牙语专业课程有10门,“葡萄牙语语法(1)”“葡萄牙语语法(2)”“葡萄牙语语法(3)”“葡萄牙语语法(4)”“葡萄牙语阅读与写作(1)”“葡萄牙语阅读与写作(2)”开设于本科一、二年级,共12学分;“葡萄牙语文学”“中葡会议传译”“葡萄牙语媒体语篇阅读与写作”“葡萄牙语高级视听”开设于本科三、四年级,共8学分。另外,实践选修课程应修学分为7分,开设于本科一、二、三年级的夏季学期,包含“语言文学拓展”“实践:认识实习”“实践:校园专业实践”“实践:语言应用实践”“实践:专业语言实践”等课程。

F大学较为注重学生基本语言能力的培养和语言实践。尽管课程分类较少,但“葡萄牙语口语”“葡萄牙语视听说”“葡萄牙语语法”“葡萄牙语阅读与写作”方面的课程系统性强,贯穿本科四年的学习。“葡萄牙语媒体语篇阅读与写作”这门课将语言学习与专业特色相结合,符合“一带一路”倡议背景下对外语人才的新要求。此外“葡萄牙语国家文化(1)”和“葡萄牙语国家文化(2)”的学习课程安排了一年的时间,有利于学生对葡语国家历史和社会文化的全面了解。在夏季学期安排本专业相关的实践任务,让理论学习在实践中得以运用,有利于学生在实践中反思和对比文化现象,培养应用和思辨能力,为跨文化能力培养奠定基础。

G大学葡语相关专业设置分为专业必修课和应修选修课。其中,在专业必修课中,“视听与口语(1)”“视听与口语(2)”“视听与口语(3)”“视听与口语(4)”开设于本科一、二年级,共24学分。“阅读与写作(1)”“阅读与写作(2)”“阅读与写作(3)”“阅读与写作(4)”开设于本科一、二年级,共24学分。“葡萄牙语文化(1)”“葡萄牙语文化(2)”开设于本科一年级,共6学分。“应用写作(1)""应用写作(2)"开设于本科三年级,共6学分。"高级阅读与写作(1)""高级阅读与写作(1)"开设于本科三年级,共6学分。"调查与报告写作"为3学分,开设于本科四年级。

专业选修课,每门课均为3学分,学生应在本科三、四年级每学期各选1门。选修课包括"葡语语言介绍""葡萄牙语语法""翻译(1)(葡译汉)""翻译(2)(汉译葡)""高级翻译(1)(葡译汉)""高级翻译(2)(汉译葡)""口译(1)(葡译汉)""口译(2)(汉译葡)""葡语国家与地区文学研究概论(1)""葡语国家与地区文学研究概论(2)""近现代葡语国家历史(1)""近现代葡语国家历史(2)""葡语作为外语的教学法(1)""葡语作为外语的教学法(2)""葡语国家的当代社会和制度(1)""葡语国家的当代社会和制度(2)""葡语戏剧""专题研讨(1)""专题研讨(2)""专题研讨(3)""专题研讨(4)""专题研讨(5)""专题研讨(6)""专题研讨(7)""专题研讨(8)"。

G大学在本科一年级便让学生接触葡语国家文化学习,于一年级上学期和下学期分别开设了"葡萄牙语文化(1)"和"葡萄牙语文化(2)"两门课,让学生在语言学习之始便对葡语对象国有一个初步的认识,该课程设计有助于学生在日后的语言学习中能够有意识地将文化认识和运用联系到一起。此外,在选修课中,"葡语国家与地区文学研究概论(1)""葡语国家与地区文学研究概论(2)""近现代葡语国家历史(1)""近现代葡语国家历史(2)""葡语国家的当代社会和制度(1)""葡语国家的当代社会和制度(2)""葡语戏剧"等系列课程也都从多个角度围绕着葡语国家的文化而展开,将语言与当地的风土人情相结合,使得语言学习更具体化、更具有趣味性,也有利于学生从多角度理解葡语国家社会文化,培养文化对比和思辨能力。

H大学的专业理论课有19门,其中"基础葡萄牙语(1)""基础葡萄牙语(2)""基础葡萄牙语(3)""基础葡萄牙语(4)""葡萄牙语语音""葡萄牙语视听说(1)""葡萄牙语视听说(2)""葡萄牙语语法""葡萄牙语阅读(1)"开设于本科一、二年级,共43学分。"高级葡萄牙语(1)""高级葡萄牙语(2)""高级葡萄牙语(3)""高级葡萄牙语(4)""葡萄牙语阅读(2)""葡萄牙语会话""葡萄牙语理论与实践(葡汉互译)(1)""葡萄牙语理论与实践(葡汉互译)(2)""葡萄牙语国家文学""葡语国家历史和社会文化概论""葡萄牙语写作"开设于本科三、四年级,共 39 学分。另外开设 1 门专业实践课“实践于调研学习”,计 9 学分。

H 大学重视对学生听、说、读、写四项基本语言运用能力的培养,尤其是在本科一年级还特意开设了“葡萄牙语语音”课程,培养学生正确地道的葡语发音。“葡萄牙语国家文学”和“葡语国家历史和社会文化概论”这两门与文化相关的课程,有助于增加学生对葡语国家国情的了解,是培养学生跨文化能力发展的重要基础。

通过上述汇总我们可以看出,这 8 所高校的课程设置总体上均注重听、说、读、写、译等语言基础的课程系统性,大部分高校开设有葡萄牙语国家概况或文化课程,有利于学生对于葡语国家文化的了解,为培养跨文化能力发展奠定基础。各高校开设了专业特色课程,如 A 大学的“旅游葡萄牙语”、D 大学的“经贸文章选读(葡)”、F 大学的“葡萄牙语媒体阅读与写作”、G 大学的“近现代葡语国家历史”等。这些特色课程结合不同学科特色,可以让学生从新的角度深入研究葡萄牙语国家文化。随着“一带一路”倡议的发展,对人才需求也提出新的要求,“外语+”人才培养模式逐步形成。这些特色课程的设置在讲授葡萄牙语基础知识的同时,突出了不同领域特色,有利于培养学生的文化对比和探索能力。值得注意的是,葡萄牙语专业课程设置中实践课程和实践学分比重加强。尤其是 A 大学、C 大学和 E 大学,除了实践课之外,所有专业基础课均设有不同比重的实践学时。这些实践课程和实践学时可以让学生多维度地进行葡萄牙语专业训练,为课外应用和拓展提供了机会,有利于发展学生的分析能力和思辨能力。从这个层面来讲,实践课程和实践学时也有利于学生的跨文化能力发展。

第二节　高校评教系统

本研究同时调查了这 8 所设立了葡萄牙语本科专业的高校的评教系统,本小节针对其基本情况进行分析。需要强调的是,分析只在本研究的重点——跨文化能力培养——方面进行,并非全面探究这些高校的教学评价系统。此外,部分高校的教学评价分为学生评教和专家评教结合、期末评分与平时听课评分结合等不同方式，而本研究只涉及学生期末评教的情况。为了保护被调查学校的隐私，这里用字母代替高校名字，本小节字母所代替高校与本章第一小节不对应。

A 大学教学质量评价系统的评价指标有 6 项。“关注学生学习状况，重视学生意见，严格课堂管理，责任心强”；第二项为“教学内容充实，视野开阔，讲解深入、好懂，展现了教师深厚的专业素养”；第三项为“教学目标明确，教学进度适宜，讲授系统有条理，重点突出，背后有理念”；第四项为“教学方法灵活多样，善于与学生交流互动，讲课有激情，课堂氛围好，教学效率高”；第五项为“课堂学习后收获大，感觉踏实愉快，渴望学得更多”；第六项为“我对教师的总体评价”。经学生评价后，统计出单项均值、满意度、单项权重，类型划分为理论或实践。

评价分数划分为“非常满意 95 分”“满意 85 分”“一般 75 分”“不满意 65 分”“很不满意 50 分”。

可以看出，A 大学评教指标的制定标准以教师教学过程中的态度、内容、目标、方法和结果这几方面为依据。第四项“教学方法灵活多样，善于与学生交流互动，讲课有激情，课堂氛围好，教学效率高”明确将师生互动作为评价老师教学工作的重要指标。A 大学是以外国语学科为主的高校，其评教指标中并未发现与学生语言能力培养以及与之对应的葡语国家文化概况掌握情况的相关要求。

B 大学教学质量评价系统的评价指标有 10 项。第一项为“教学投入精神饱满，仪表教态大方得体”；第二项为“教学态度认真严谨，答疑解惑耐心透彻”；第三项为“认真管理课堂教学秩序，善于营造良好的课堂气氛，按时上、下课，无随意停、调课情况”；第四项为“学期初向学生交代教学进度，课堂讲解系统、目标明确、思路清晰、内容充实，重点、难点突出”；第五项为“选用教材文化内涵丰富、内容充实，符合时代要求，适合学生课堂学习和自主性学习，根据课程需要恰当使用外语原版教材”；第六项为“语音、语调标准，语言流畅，语法讲解正确，书写规范，教学内容中语言现象丰富，注重综合性语言技能训练”；第七项为“能够及时补充具有时效性的语言材料和新知识，根据实际合理布置作业，并认真批复，积极了解学生的学习情况和对知识的掌握程度”；第八项为“师生互动，积极启发学生，鼓励学生发言，有效调动学生的学习积极性，高标准、严要求地指导学生学习”；第九项为“对 PPT、板书等辅助教学手段运用得当，有助于学生理解和记录，能够帮助同学们更好地掌握本门课程的知识”；第十项为“学生通过课堂学习，语言基础扎实，听、说、读、写、译等基本技能和跨文化交流能力有所提高，具有一定的分析问题、解决问题能力”。

B 大学的评教指标制定较为细致，同时多处强调了师生互动的重要性，如第四项中要求学期初要向学生交代教学进度。第八项更是直接要求了课堂中充分而高效的师生互动。此外，第五项提到老师应选用内涵丰富的教材以及第十项提到学生应通过学习提高跨文化交流能力，都凸显了学校作为外语类高校在评价教师时能结合学科特色，因地制宜地以细化指标对教师的教学过程和教学质量提出要求。学校在第六项中还强调了教师在课堂上要“语音、语调标准，语言流畅，语法讲解正确，书写规范，教学内容中语言现象丰富，注重综合性语言技能训练”，第十项要求培养学生扎实的语言基础和听、说、读、写、译等基本技能，这两点将语言学习过程中应注意的事项和需达成的目标以文字的形式记录下来并具体化，有效保障了老师的教学水平和学生的学习质量。

C 大学教学质量评价系统的评价指标有 10 项。第一项为“对该教师的总体评价”；第二项为“教学态度认真，注重教书育人”；第三项为“教学准备充分，因材施教”；第四项为教学内容充实，重点、难点突出”；第五项为“教学方法得当，互动效果好，技能训练效果明显”；第六项为“课堂内外耐心、热情解答学生问题”；第七项为“评价方式多样，经常布置作业、读书、讨论等，检查到位”；第八项为“板书、PPT 结合恰当，不照本宣科”；第九项为“课堂管理有效，课堂纪律良好”；第十项为“教学精神饱满，教态大方得体，无迟到早退现象”。每一项评价分为“非常满意”“满意”“一般满意”“不满意”“非常不满意”几项。

C 大学评价指标中的第五项在教学方法方面提到了互动的重要性，第六项“课堂内外耐心、热情解答学生问题”也是师生互动的一种有机表现。C 大学是以外国语学科为主的高校，但其评教系统中的指标并未体现学校在跨文化能力培养以及语言技能基础方面的具体要求。

D大学教学质量评价系统的评价指标有14项。第一项为“及时发布、上传课件及教学大纲”;第二项为“培养学生的思维能力、实践能力和自主学习能力,实现预期教学目标,学生学习收获大”;第三项为“教师没有‘上课迟到、早退,随意离开课堂现象’”;第四项为“教师没有‘以各种方式要求学生评教时打高分现象’”;第五项为“教学内容充实,符合教学大纲要求”;第六项为“语音语调标准,语法正确,写作规范”;第七项为“教师‘布置和批改作业累计次数达到2次或以上’”;第八项为“教学态度认真,热爱教学,耐心回答学生提问”;第九项为“有效运用现代信息技术手段辅助教学”;第十项为“教学过程能够激发学生的参与热情,营造良好的课堂互动氛围”;第十一项为“根据不同的授课内容或要求,采用相对灵活的教学方法”;第十二项为“注重语言教学材料的时效性,注重知识更新”;第十三项为“安排课程之外的辅导和答疑环节,耐心批改和讲解作业”;第十四项为“教师没有‘在授课过程中接打电话,或进行其他与教学无关的活动’”。每一项的满分均为10分。

D大学较为注重师生间的良好互动。指标中虽未直接出现“互动”字眼,但第八项中的“耐心回答学生提问”,第十项“教学过程能够激发学生的参与热情,营造良好的课堂互动氛围”以及第十三项“安排课程之外的辅导和答疑环节,耐心批改和讲解作业”都是对师生间课堂内外互动形式的具体要求。但在评价指标中并未能看出D大学在跨文化能力培养方面对教师能力以及对学生培养的具体要求。在语言能力培养方面,从第六项中的“语音语调标准,语法正确,写作规范”和第十二项“注重语言教学材料的时效性,注重知识更新”都能看出,尽管D大学不是以外国语学科为主的高校,但其在语言教学中制定出了与学科相关的具体评价标准,对巩固学生的语言能力基础有很大帮助。

E大学教学质量评价系统的评价指标有12项。第一项为“对学生要求严格,敬业勤勉,为人师表,教书育人”;第二项为“备课认真细致,让学生充分了解课程教学大纲,并按大纲完成教学任务”;第三项为“内容充实,精讲多练,注重综合型语言技能训练”;第四项为“条理清楚,突出重点,讲解难点，深入浅出，能激发学生的求知欲”；第五项为“启发学生积极思考，鼓励质疑并表达观点，形成教与学的良好互动”；第六项为“根据学生的理解水平合理安排并有效调节授课进度”；第七项为“提供或推荐的教学资料和参考文献有助于学生自主学习”；第八项为“对学生课外学习给予积极指导”；第九项为“作业的布置、批阅和讲评有助于课程内容的学习”；第十项为“考核评价的内容和方式能激励学生主动学习与自觉钻研”；第十一项为“通过本课程学习，我打下了扎实的语言基础，提高了语言综合技能”；第十二项为“我认为老师是一位优秀的老师”。

从 E 大学的教学质量评价标准中可以看出，学校从课前到课后，对师生间的互动都给予了高度重视。第二项“备课认真细致，让学生充分了解课程教学大纲，并按大纲完成教学任务”从课前就强调了教师与学生应及时沟通交流，以便让学生预先了解教学内容、教学方法和教学目标。第五项“启发学生积极思考，鼓励质疑并表达观点，形成教与学的良好互动”则规定了教师应关注与学生之间的互动，并制定相应的高参与度的教学方法。第八项“对学生课外学习给予积极指导”则对课后师生之间的互动提出了要求，从而起到督促教师保证教学质量的作用。作为外语类高校，其教学质量评价标准中并未明确提及与跨文化能力相关的内容。在第三项“内容充实，精讲多练，注重综合型语言技能训练”中涉及了与语言技能基础相关的要求。

F 大学教学质量评价系统的评价指标有 7 大项 12 小项。第一大项为“教学准备与教师态度”，占评分权重的 25%。其中有两小项指标，分别为“备课认真，准备充分；对学生严格要求；遵守学校课堂教学纪律”，占权重 40%；“批改作业细致，答疑耐心，指导学生认真，严格要求”，占权重 60%。第二大项为“教学内容与授课艺术”，占评分权重的 30%。其中有三小项指标，分别为“课程内容设计合理，条理清晰，逻辑性强，重点、难点突出”，占权重 40%；“课堂教学丰富充实，信息量大，较好地渗透本学科的前沿知识、思想与成果；激发学生探索研究的兴趣，启发学生的创新精神”，占权重 40%；“语言生动，注重启发式教学，重视学生体验；课堂互动好，学生参与度高”占权重 20%。第三大项为“教学方法与教学效果”，占权重为 25%。其中有两小项，分别为“多种教学手段运用恰当，讲授与研习配合得当；课件效果好，与板书配合得当”，占权重50%；“注重以多种途径发展学生能力，注重对学生综合能力、创新精神的培养”，占权重50%。第四大项为“学习收获”，占权重的20%。其中有两小项，分别为“学习内容足够丰富，学业负担（作业量、文献阅读量等）适当，能够起到督促学生加强投入、认真学习的作用”，占比重50%；“学习本门课程后，有较大收获，专业素养及综合能力有明显提高”，占比重50%。第五大项为“本门课程及任课教师的优点”，不占评分比重。第六大项为“存在问题及不足”，不占评分比重。第七大项为“其他意见与建议”，不占评分比重。

F大学的教学质量评价指标的第一大项“教学准备与教师态度”中的第二小项“批改作业细致，答疑耐心，指导学生认真，严格要求”以及第二大项“教学内容与授课艺术”中的第三小项“语言生动，注重启发式教学，重视学生体验；课堂互动好，学生参与度高”都体现了学校对师生在课堂内外互动情况的重视。F大学作为一所综合性大学，并没有在教学评价指标中明确列出语言学习中与跨文化能力培养以及语言基础能力培养相关的要求。

G大学教学质量评价系统由对课程的评价和对任课教师的评价两部分组成。其中对课程的评价指标包含13项。第一项为“本课程帮助我提高了语言/沟通能力”；第二项为“我很清楚本课程的学习目标和结果”；第三项为“教学资料准备充分且有条理”；第四项为“作业与课程相关，设计合理且具有公平性”；第五项为“测验和期中考试与课程相关，设计合理且具有公平性”；第六项为“教师的反馈具有帮助且及时”；第七项为“总体来说，该课程在学术上具有前沿性”；第八项为“该课程与我的语言学习需求相关”；第九项为“评价该课程在教学方面的整体质量”；第十项为“与大多数课程相比，该课程所需要的工作量很大”；第十一项为“大部分课程以英语或课程目标语（如汉语、葡萄牙语、法语）授课；第十二项为“我有机会在课堂上使用目标语（英语、葡萄牙语、日语等）”；第十三项为“本课程适当使用了教学在线平台”。

对教师的评价指标包含12项。第一项为“老师引导我对课程主题产生兴趣”；第二项为“老师在上课时回应学生的问题”；第三项为“老师帮助营造了积极的学习气氛”；第四项为“老师的反馈和指导帮助我提高了语言能力”;第五项为“老师在课堂上进行了有效沟通”;第六项为“老师及时回复了我的电子邮件和与课堂相关的通信”;第七项为“给老师的整体教学进行打分”;第八项为“老师准时开始上课”;第九项为“老师能够有效利用上课的时间”;第十项为“老师不存在缺课并未补课的情况”;第十一项为“我利用了老师的办公时间进行咨询”;第十二项为“老师接受了学生反馈并做出了相应调整”。

可以看出G大学的教学评价指标非常详细,其中有直接涉及语言学习的方面,比如“大部分课程以英语或课程目标语(如汉语、葡萄牙语、法语)授课”“我有机会在课堂上使用目标语(英语、葡萄牙语、日语等)”“老师的反馈和指导帮助我提高了语言能力”等。但对于语言基础能力和跨文化能力培养的具体要求,G大学作为综合类大学并未在其教学评价体系中涉及。

H大学教学质量评价系统的评价指标共有五项。第一项为“组织明细”;第二项为“教师激励学生学术思考方面的能力”;第三项为“师生之间的互动”;第四项为“课堂组成、内容和评估”;第五项为“总体测评”。

每一项都有1、2、3、4、5五个等级。1为“很差”;2为“差”;3为“一般”;4为“好”;5为“优秀”。每项结果以平均分作为统计依据,根据每项平均分,得到总体平均分。

在H大学的教学评价指标中,“师生之间的互动”被单独列出,可见学校对于师生互动沟通的重视。H大学作为综合类高校,其教学评价指标中并未明确列出与对象国文化及语言基础能力相关的要求。

根据以上的数据分析可以得出,本研究中涉及的所有高校都将课堂内外的师生互动情况列为评价教师教学的重要指标,但由于高校性质不同以及其他原因,部分高校并未明确列出与语言基础能力培养相关的细则。与学生跨文化能力培养相关的指标在评价标准中则出现得更少,以外国语学科为主的高校中也只有B大学将其明确落实在具体的标准细则中。

第五章
中国葡萄牙语教学主要教材分析

教科书，又称教材、课本，是一门课程的核心教学材料。教科书中对跨文化知识的介绍是学生跨文化能力培养的重要组成部分。因此，本章将继续着眼于葡语教学中的跨文化能力培养，并以我国高校葡语教学中所使用的主要教材为分析内容。本章共分三部分，第一部分选取了各大高校所使用的 6 套主要葡萄牙语教材共 17 本，包括《大学葡萄牙语》1—2 册、《环球葡萄牙语》1—4 册、《葡萄牙语综合教程》1—4 册、《交际巴西葡萄牙语教程》1 册、《葡语无国界》1—3 册、《21 世纪葡萄牙语》1—3 册，本部分将从各教材中文化内容出现的形式、种类、频率、对中国文化是否涉及、跨文化相关内容等方面进行分析。第二部分选取了一套专门的文化课程教学材料——《葡萄牙历史文化》1—2 册，对其在中国葡语学生跨文化能力培养实践应用上的优缺点进行分析。第三部分将在前两部分分析的基础上，对我国高校葡语教材在培养学生跨文化能力方面的作用和发展方向提出建议。

本章仅针对本研究的目的——跨文化能力培养——进行分析，并未涉及教材评价的其他方面。目前国内广泛使用的基础教材较多，它们并不是专门的文化教材。因此，本章的分析结果并不代表所涉及教材的全面评价。在开始分析前，我们应首先感谢葡语届前辈为葡语教学发展和葡语教材编写所做出的卓越贡献。

第一节 主要葡萄牙语教材分析

一、《大学葡萄牙语》

《大学葡萄牙语》是外语教学与研究出版社于2009年出版的针对大学本科葡萄牙语专业的基础教材，目前已出版两册，供本科葡语专业使用。每册14个单元课，每课设有课文、词汇、语法讲解及练习部分，其中第一册前五单元设有语音部分，第二册每单元后会有一首葡萄牙语诗歌，同时有的单元内会有补充信息阅读。

在第一册的45篇课文中，涉及葡萄牙文化的内容10篇，涉及巴西文化的内容1篇，涉及非洲葡语国家文化的内容1篇，涉及文化交流对比的内容2篇。

第二册59篇课文中（包括课后的葡语诗歌），涉及葡萄牙文化的内容23篇，涉及巴西文化的内容6篇，涉及非洲葡语国家文化的内容1篇，涉及中国文化的内容5篇，涉及文化交流对比的内容5篇。

总体来说，在两册共104篇课文中，涉及与文化相关的内容54篇，占比51.9%。这一比例比较高，体现了该教材对文化教学十分重视，其中葡语诗歌对此贡献很大。

从具体的内容上来看，这54篇涉及文化主题的文章，分别包含饮食主题的内容8篇，文学艺术的内容15篇，人文地理的内容6篇，生活习俗的内容8篇，社会现实的内容10篇，社会制度的内容3篇，国家历史的内容4篇。

二、《环球葡萄牙语》

《环球葡萄牙语》由商务印书馆2016年出版，是一套针对中国学生葡语教学的教材。本套教材共四册，第一册包含20个单元，二至四册每册包含12个单元。每个单元包括课文、言语行为、词汇、口语练习、听力练习、语法介绍、语法练习、书面练习以及复习测验。有关文化教学的内容主要体现在每课的课文中。需要提及的是，该套教材第二册的部分单元设有文化测试的内容，测试形式是让学生对某一文化交际场景中的各种行为是否适当进行判断，这一内容设置有助于调动学生的能动性，使其主动参与到跨文化交流的学习中。此外，该教材第三、四册的每单元最后有专门介绍葡萄牙文化的版块。以下就该套教材中有关文化的内容做具体的统计。

在第一册的共 75 篇对话和课文中，涉及葡萄牙文化的内容 6 篇，涉及巴西文化的内容 3 篇，涉及非洲葡语国家文化的内容 5 篇，涉及中国文化的内容 2 篇，涉及文化交流对比的内容 1 篇。

在第二册的 54 篇对话和课文中，涉及葡萄牙文化的内容 22 篇，涉及巴西文化的内容 0 篇，涉及非洲葡语国家文化的内容 0 篇，涉及中国文化的内容 0 篇，涉及文化交流对比的内容 0 篇。

在第三册的 73 篇对话和课文中，涉及葡萄牙文化的内容 36 篇，涉及巴西文化的内容 1 篇，涉及非洲葡语国家文化的内容 1 篇，涉及中国文化的内容 0 篇，涉及文化交流对比的内容 5 篇。

在第四册的 93 篇对话和课文中，涉及葡萄牙文化的内容 13 篇，涉及巴西文化的内容 0 篇，涉及非洲葡语国家文化的内容 6 篇，涉及中国文化的内容 0 篇，涉及文化交流对比的内容 4 篇。

总体来看，在四册共 295 篇文章中，涉及与文化相关的文章 105 篇，占比 35.59%，其中涉及葡萄牙文化的内容 77 篇，涉及巴西文化的内容 4 篇，涉及非洲葡语国家文化的内容 12 篇，涉及中国文化的内容 2 篇，涉及文化交流对比的内容 10 篇。该套教材中与文化主题相关的文章数量适当，达到了对学生进行跨文化交流能力培育的效果。同时，该套教材对各葡语国家文化及中国文化都有涉及。

从具体的主题上来看，该教材中与文化相关的内容题材多样，涉及饮食主题 21 篇，生活习俗 16 篇，文学艺术 19 篇，社会现实 15 篇，历史发展 11 篇，价值观点 5 篇，社会制度 6 篇，人文地理 12 篇。

三、《葡萄牙语综合教程》

《葡萄牙语综合教程》由上海外语教育出版社 2012 年出版，是针对中国葡萄牙语本科基础教学的一套教材。本套教材共四册，一、二册每册16课；三、四册每册12课，每课共包含两篇对话和文章(第一册的1—9课每课两篇对话，10—16课及第2—3册每课包含一篇对话及一篇文章，第四册则为每课两篇文章)。同时，每课编排有词汇表、词汇与句型讲解、语音语法讲解(第一册前8课还包含语音讲解)及练习部分。需要指出的是，从第二册开始，每课练习部分的最后会加上一篇补充阅读材料。从内容编排上来看，该套教材注重词汇、句型及语法的讲解，没有特别安排跨文化教学的部分，文化内容主要体现在每课的对话和文章以及练习部分的补充材料之中。

四册教材按顺序依次是葡萄牙语本科生第一学年第一学期至第二学年第二学期共四学期的学习用书。在第一册的32篇对话和课文中，涉及葡萄牙文化的内容1篇，涉及中国文化的内容2篇，涉及文化交流对比的内容1篇。

在第二册的32篇对话和课文及16篇课后补充阅读材料中，涉及葡萄牙文化的内容8篇，涉及巴西文化的内容2篇，涉及中国文化的内容9篇，涉及文化交流对比的内容2篇。

在第三册的24篇对话和课文中及12篇课后补充阅读材料中，涉及葡萄牙文化的内容7篇，涉及中国文化的内容1篇。

在第四册的24篇文章及12篇课后补充阅读材料中，涉及葡萄牙文化的内容7篇，涉及巴西文化的内容8篇，涉及非洲葡语国家文化的内容1篇，涉及中国文化的内容1篇。

总体来看，在该套教材共152篇课文及课后补充阅读材料中，涉及葡萄牙文化的内容23篇，涉及巴西文化的内容10篇，涉及非洲葡语国家文化的内容1篇，涉及中国文化的内容13篇，涉及文化交流对比的内容3篇。综上，该教材中与文化主题相关的文章共有50篇，占文章总数的32.89%。

从具体的内容上来看，在所有与文化主题相关的50篇文章中，涉及饮食主题8篇，文学艺术主题10篇，科学技术主题4篇，生活习俗主题6篇，经济贸易主题3篇，政治制度主题2篇，社会现实主题12篇，国家历史主题3篇，价值观点主题2篇。内容上主要是对文学艺术、饮食风俗的介绍，对社会现实也有介绍且呈现出对一些社会问题的探讨，比如巴西河流干枯、环境污染等问题。

四、《交际巴西葡萄牙语教程》

《交际巴西葡萄牙语教程》由上海外语教育出版社 2017 年出版，是针对中国学生的巴西葡萄牙语教材。该教材共一册，包含 20 个单元(其中有 4 个复习单元)，每单元分 A、B、C 三个模块，主要包括课文、双人对话练习、听力练习、词汇语法讲解、词汇语法练习等内容，其中 C 模块介绍欧洲葡语与巴西葡语之间的区别，在每单元最后有一篇专门介绍巴西文化的文章。

在一共 95 篇文章中，涉及葡萄牙文化的内容 3 篇，涉及巴西文化的内容 27 篇，涉及非洲葡语国家文化的内容 2 篇。从以上数据可以看出，该教材的重点在于巴西文化，对其他国家的文化及文化交流对比内容涉及较少。

从具体的主题来看，涉及饮食主题的内容 5 篇，涉及社会现实的内容 9 篇，涉及文学艺术的内容 4 篇，涉及历史文化的内容 3 篇，涉及价值观点的内容 2 篇，涉及人文地理的内容 4 篇，涉及风俗风情的内容 4 篇，其他方面 1 篇。总体集中于对风俗和社会现实主题的介绍。

五、《葡语无国界》

《葡语无国界》(*Português Sem Fronteiras*)由葡萄牙 Lidel 出版社于 1995 年出版，是一套在欧洲、美国及加拿大使用较多的葡语教材。该教材共三册，每册 20 课，每课包含一篇对话及一篇文章，同时配有语法讲解及练习、词汇练习、听力练习等内容。

在第一册的 40 篇对话及文章中，涉及葡萄牙文化的内容 7 篇，没有涉及巴西文化、非洲葡语国家文化、中国文化及文化交流对比的内容。

在第二册的 40 篇对话及文章中，涉及葡萄牙文化的内容 15 篇，涉及巴西文化的内容 1 篇，涉及非洲葡语国家文化的内容 0 篇，涉及中国文化的内容 1 篇，涉及文化交流对比的内容 2 篇。

在第三册的 40 篇对话及文章中，涉及葡萄牙文化的内容 21 篇，没有涉及巴西文化、非洲葡语国家文化、中国文化的内容及文化交流对比的内容。

总体来看，在三册共 120 篇对话和文章中，与跨文化相关的文章总数 47 篇，占比 39.17%。其中涉及葡萄牙文化的内容 43 篇，涉及巴西文化的内容 1 篇，涉及非洲葡语国家文化的内容 0 篇，涉及中国文化的内容 1 篇。与跨文化主题相关的文章数量适当，但多集中于葡萄牙文化，对其他国家文化的介绍甚少。

从具体的内容上看，在 47 篇与跨文化主题相关的文章中，涉及饮食主题 6 篇，社会现实主题 7 篇，文学艺术主题 9 篇，社会制度主题 9 篇，生活习俗主题 6 篇，价值观点主题 3 篇，国家历史主题 4 篇，人文地理主题 3 篇。总体而言，该教材中与价值观点等深层文化主题有关的内容偏少，且出版时间较早，很多介绍社会现实的文章已经过时，无法满足当前的教学需求。

六、《21 世纪葡萄牙语》

《21 世纪葡萄牙语》(*Português* XXI)由葡萄牙 Lidel 出版社 2004 年出版，2019 年商务印书馆原版引进，是针对外国人学习葡语的教材，全套教材共三册。每课包含对话及文章阅读、词汇练习、听力练习、口语练习、语法练习，几部分未设专门的文化主题内容。跨文化内容的教学主要体现在对话、文章阅读以及部分练习题中。

在第一册中，我们共分析了 56 篇对话及文章(包含部分练习题里的文章)，其中涉及葡萄牙文化的内容有 13 篇，涉及巴西文化的内容 1 篇，没有涉及非洲葡语国家文化、中国文化及文化交流对比的内容。

在第二册中，我们共分析了 48 篇对话及文章(包含部分练习题里的文章)，其中涉及葡萄牙文化的内容有 19 篇，涉及巴西文化的内容 3 篇，涉及非洲葡语国家文化的内容 3 篇，涉及中国文化的内容 1 篇，没有涉及文化交流对比的内容。

在第三册中，我们共分析了 59 篇对话及文章(包含部分练习题里的文章)，其中涉及葡萄牙文化的内容有 30 篇，涉及巴西文化的内容有 5 篇，涉及非洲葡语国家文化的内容 6 篇，涉及中国文化的内容 2 篇，涉及文化交流对比的内容 2 篇。

总体来看，在所有163篇文章中，涉及葡萄牙文化的内容有62篇，涉及巴西文化的内容有9篇，涉及非洲葡语国家文化的内容有9篇，涉及中国文化的内容有3篇，涉及文化交流对比的内容2篇。与跨文化主题相关的文章数量占总数的52.15%，比例较高，但主要是对葡萄牙文化的介绍，而对其他葡语国家文化介绍偏少，文化交流对比主题的内容也偏少。

从具体的主题来看，该教材中与跨文化相关的内容题材多样，涉及饮食主题10篇，社会现实24篇，文学艺术5篇，人文地理10篇，生活习俗11篇，价值观点16篇，社会制度6篇，其他方面3篇。该套教材对葡萄牙的社会现实以及当地人的价值观点介绍较全面，不仅选用正面的主题，而且也有对葡萄牙社会负面问题，比如失业、移民、医疗等问题的介绍，展现了葡萄牙人对于吸烟、老龄化、整形、工作与假期等社会问题的态度和看法，有助于学生对葡萄牙社会有一个全面而深入的认识。

七、小结

总体来说，各套教材都对与跨文化交流相关的教育给予了重视，与文化主题相关的文章数量比较合理，且基本能够涉及各葡语国家的文化。但是，各套教材在针对中国葡语学生的跨文化能力培养上也存在一些共性问题。

以上提到的教材在内容构成上，都缺乏单独的文化内容版块。重点内容还是围绕语言教学，包括语法、词汇、句型等，练习部分也主要是针对词汇和语法，缺少对文化相关知识的考查和检测。

在已有的与文化主题相关的课文中存在以下尚需改进之处。

首先，文章对中国本土的母语文化介绍有所缺失。中国本土出版的教材对本国文化的介绍都偏少，这一点很容易导致“中国文化失语症”现象的产生。“中国文化失语”是南开大学从丛教授在谈及大学英语教学时提出的一个概念，“英语教学中中国文化含量几近于空白，对于国际交流的负面影响则更为严重。许多拥有相当英文程度的中国青年学者，在与西人交往过程中，始终显示不出来自文化大国的学者应具有的深厚文化素养和独立的文化人格。”[①]他将这一突出问题称为“中国文化失语症”。当前我国的外语教学界，对于母语文化的忽略是不容置疑的事实存在。[②] 目前来看，在葡语教材中也体现了这一缺陷。“缺失了母文化，跨文化将无从谈起。只有对母文化充满自豪和自信，才有可能在跨文化交际中处于平等地位。否则，只能沦为一文化的附庸和奴仆。”[③]

其次，文章对巴西及非洲葡语国家文化介绍有所缺失。除《交际葡萄牙语教程》之外，其他各套教材都以葡萄牙国家文化为重点进行介绍，对亚洲和非洲葡语国家的介绍较少。然而在“一带一路”倡议下，我国与亚洲和非洲葡语国家的关系日渐密切，这就要求葡语专业学生要加强对非洲葡语国家文化的了解。

最后，教材对文化内容的介绍普遍存在宽泛但不深入的问题。各套教材对文化主题的介绍主要围绕人文地理、风俗民情等表层文化，缺少对深层文化如价值观念的介绍，缺少促进学生进行文化反思的内容。

语言学习和跨文化能力的培养是一个长期、复杂的过程，受多门课程、多部教材、课堂教学、实际活动、对外交流等多方面的影响，单一教材的分析不具有广泛价值。如前文所述，本小节所选取的是目前各高校葡语专业广泛使用的基础教材，不是侧重历史国情和跨文化能力培养的专门教材，因此，分析结果具有一定片面性。下一小节将分析专门的文化教材——《葡萄牙历史文化》。

第二节 文化教材案例分析

王珊和马玉红曾将跨文化教学分为两种路径，即“隐性路径”和“显性路径”。隐性路径是“一种主张以较为间接、相对分散和有较多主管参与的隐性文化学习模式。隐性路径的文化学习是伴随语言学习过程，与语言学习

① 从丛.中国文化失语：我国英语教学的缺陷[N/OL].光明日报，(2000-10-19)[2020-12-09]. https://www.gmw.cn/01gmrb/2000-10/19/GB/10%5E18578%5E0%5EGMC1-109.htm.

② 王珊，马玉红.大学英语教学的跨文化教育及教学模式研究[M].武汉：武汉大学出版社，2018：17.

③ 雷买利.论母文化在跨文化交际与教学中的地位[J].四川外语学院学报，2006(3)：134-136.

紧密联系和相互渗透的”。与“隐性路径”模式相关联的学习方法即理解和把握语言学习教材中包含的与文化相关的文章材料，从而培养学生的跨文化能力。而“显性路径”是“独立或相对于语言学习的，是较为直接的、较为系统的文化学习。最具显著性的跨文化交际教学是在语言课程之外开设专门的‘文化’课程，如‘英美概况’‘跨文化交际学’等”。[①] 与这一路径相关的学习方法即对专门的“文化”课程进行学习，并使用与之对应的教材。因此，除了上一节介绍的葡萄牙语语言学习教材之外，我们也选取了一套专门的文化教材——《葡萄牙历史文化》为样本进行分析。

一、《葡萄牙历史文化》个案分析

《葡萄牙历史文化》(*Cultura e História de Portugal*)由波尔图出版社2013年出版，是为学习葡萄牙语的外国学生而设计的文化学习教材。该套教材共两册，每册均为15个单元，每个单元对一个特定文化主题进行介绍，分别是社会、葡语、音乐、舞蹈、体育、电影、戏剧、文学、造型艺术、时尚设计、建筑、自然遗产、旅游、手工业和美食。两册15个单元主题相同，除了在葡语主题中介绍其他葡语国家的情况外，其余主题均仅介绍葡萄牙文化。

该套教材对葡萄牙文化进行了直观、系统、详细的介绍，能有效增进葡语专业学生对葡萄牙文化的了解。该教材对各文化主题的全面介绍也有利于打破学生对葡萄牙的刻板印象。比如在音乐单元，该教材不仅介绍了“法多”这一葡萄牙著名的音乐形式，而且还介绍了葡萄牙音乐风格变化的历史，尤其是传统音乐与现代音乐融合的过程；该单元还介绍了一些著名的葡萄牙音乐家与乐队，提到了葡萄牙古典音乐的发展与创新。在运动单元，除介绍了葡萄牙赫赫有名的足球运动之外，还提到了其在奥运会和残奥会上取得的战绩；对在国际著名赛事上取得荣誉的运动员进行了介绍，还对在葡萄牙常见的极限运动做了简单介绍。在美食单元，该教材介绍了里斯本的烤沙丁鱼、阿尔加维的炒贝类、有名的甜品等，还简单介绍了葡萄牙的葡萄酒，展现了葡萄牙饮食的地区差异。这些单元对葡萄牙不同文化方面的展

---

① 王珊，马玉红.大学英语教学的跨文化教育及教学模式研究[M].武汉：武汉大学出版社，2018：40.

示丰富了学生特定主题的知识维度，开阔了学生的眼界。

然而在针对中国葡语专业学生的跨文化能力培养的教学上，该教材在其应用领域仍存在着一些缺点。首先是对中国文化介绍的缺失。赵瑜和刘云缦曾指出认识自我在培养学生跨文化能力方面的重要性，“认识自己不是让自己成为交际的中心，而是深入了解自己的文化，认识自己对于其他文化的态度以及自身的交际风格，坦诚看待自己的行为并不容易，但是对于提高跨文化交际能力很有帮助”①。因此，对中国文化的了解是跨文化交际能力培养的关键一步，该教材在这一方面明显不足。但考虑到这套教材是由葡萄牙出版社出版的，并且其针对的是各国葡语学生，因此这一点也比较合理。

其次，该教材对其他葡语国家文化的介绍也有所缺失。葡语专业学生在学习、工作中不仅需要应对与葡萄牙人交际的跨文化背景，也需要对与包括巴西、非洲葡语国家人员的交际场景。在“一带一路”倡议下，中国与其他葡语国家的交流合作日益深入，因此，促进学生对其他葡语国家文化的了解也是对其跨文化能力培养的重要组成部分。

最后，该教材对文化内容的教学着重于表层文化。王珊和马玉红在谈及文化教学内容时，将文化教学内容分为“表层文化”与“深层文化”两部分。她们指出：“具体来说，文化的表层内容包括如下内容，即语言文化内涵、语体文化及目的语言国家的人文地理、风俗风情等方面内容。文化的深层内容：目的语言民族文化心理、思维方式、价值观念、审美品位以及时间观念、空间观念等方面的内容。由此可见，文化教学的表层内容，重点着眼于对于目的语言民族文化背景知识的学习上；而文化教学的深层内容，则是在对目的语言学习过程中注重培养学习者对于语言的洞察力、敏感性、文化理解力和创造力。也就是说，文化教学的深层内容，关注的是学习者在未来是否具有能够在两种不同文化之间进行互动的能力。”②这里所说的“在两种不同文化之间进行互动的能力”即我们讨论的跨文化能力。可见教授学生“深层文

① 赵瑜，刘云缦.现代英语教学理论实践与跨文化研究[M].北京：中国纺织出版社，2017：173.

② 王珊，马玉红.大学英语教学的跨文化教育及教学模式研究[M].武汉：武汉大学出版社，2018：143.

化”对其跨文化能力的培养十分必要。然而，从以上列举的各单元主题来看，均为表层文化主题，并没有涉及价值观念等深层文化主题，不利于学生跨文化能力的培养。

二、小结

通过以上分析，我们发现目前高校里使用较多的葡语教材基本都涉及了文化教学的内容，且对各葡语国家都有介绍，这一点值得肯定。但是对于跨文化教学来说，这些教材依然存在许多不足之处，有待进一步改进。基于此，笔者提出以下对教材的改进建议：

第一，主要葡语教材可增设专门的文化材料部分及文化测试。目前已有一些教材在这方面做出努力，比如《大学葡萄牙语》第二册每单元最后的葡萄牙诗歌，《葡萄牙语综合教程》的补充阅读材料等，可进一步明确这些内容的文化教学目标，并进行系统性的介绍。同时，教材可增设与之匹配的文化测试内容。在《环球葡萄牙语》中通过设置具体的场景来考查学生对目的语国家生活习俗和礼仪的了解，就是一个很好的示范。专门的文化材料和测试，可以提高学生跨文化交流的意识和能力。

第二，课文中可增加与中国文化相关的知识。对自身文化的了解是语言学习者培养跨文化能力的关键。在文化教学上，我们需要预防“中国文化失语症”的出现，这要求我们增加有关中国文化的教学内容。这一教学的目的不仅仅旨在加强学生对中国文化知识的了解和认同，更注重培养学生对中国文化的反思和批判精神。用葡语表达中国文化，能使学生在跨文化交际中承担起传播中国文化的重任，有助于学生树立文化自信，增强尊重和包容多元文化的能力。

第三，课文中应增加更多与其他葡语国家文化相关的知识。从上面的分析可以看出，目前的课文及补充阅读材料都集中于介绍葡萄牙文化，对巴西和亚非葡语国家文化的介绍较少，这与当前我国“一带一路”倡议对外语人才的需求不符。在“一带一路”倡议下，我国与非洲葡语国家的关系不断密切，合作不断加深，这就要求葡语专业学生应注重加强对非洲葡语国家文化的了解，以此提高自身的跨文化能力，这样才能为“一带一路”倡议作出更大的贡献。

第四，课文中应增加对深层文化知识的介绍。潘亚玲指出：“需要注意的是，文化教学不应仅仅停留在文化知识层面，而应向文化理解与阐释层面深入。展现和分析目的语成员的交际形式，尤其是言语交际形式是如何受其价值观、思维方式、行为方式、宗教信仰、民族性格等的影响的。”[①]目前的文化材料（包括专门的文化教材），都集中于对文化背景知识的介绍，缺乏对深层文化的介绍，这不利于学生跨文化能力的培养。对深层文化的了解程度直接影响到学生跨文化交际能力的强弱，因此我们的教材在这一方面还需做出努力。

第五，应增加对专门文化教材的编写力度。目前国内尚缺乏专门的文化教材，《葡萄牙历史文化》一书仅能使学生了解葡萄牙一国的文化，且内容均为表层文化。针对中国学生葡语学习的需求编写专门的文化教材是跨文化能力培养的必经之路。潘亚玲曾对基于文化基本因素的文化融入内容与形式列表给出建议，在此特引用该表，以此对葡语文化教材的编写提供思路和启发。

第六，应增加对跨文化基础理论知识教材的编写力度。培养学生的跨文化能力，除了深入全面地认识和理解中国文化、目的语国家文化外，还应当注重有关文化学和跨文化交际学的理论知识、研究方法和重要研究成果，包括文化的特征、文化的发展规律、跨文化交际的特点和规律，描写和分析文化的方法、工具、模型等的教学，使语言专业学生能以跨文化理论为基础学习中国文化和目的语国家文化。

---

① 潘亚玲.跨文化能力内涵与培养：以高校外语专业大学生为例[M].北京：对外经济贸易大学出版社，2016：158.

表 5-1　外语教学中基于文化基本因素的文化融入内容与形式建议①

影响跨文化交际的文化基本因素	内容	形式与媒体	项目与作业
价值观	世界观、人性观、道德伦理观、人生观等的形成与发展；宗教的影响与表现形式；重要哲学思想	目的语文化研读、分析与讨论；宗教、哲学经典阅读与分析；文学作品、报刊文摘阅读分析讨论；关键时间与代表人物分析（包括人物传记分析）；影视作品分析；案例分析；与中国文化核心价值观的对比	相关文献收集与阅读；关键事件与代表人物案例收集与分析；实证研究；课题研究；案例收集；电子杂志编辑；与目的语文化成员的讨论
思维方式	对思维模式的认识；思维方式的表现形式分析	文学作品、报刊文摘文本分析与对比；话语分析；关键事件分析；案例分析；影视作品分析；与中国人惯常思维方式的对比	话语分析材料收集；关键事件与案例；影视作品收集；与目的语文化成员的讨论
社会组织与人际关系	社会组织与关系网络的构成及形式；人际关系分析；地位与角色分析	文学作品、影视作品分析；语言中所反映的人际关系分析（如话语分析）；关键事件与代表人物分析；案例分析；组织中人际关系分析	文学作品、影视作品、话语分析语料收集；关键事件与案例收集；实证研究；与目的语文化成员的讨论
时间观	对时间的认知和理解；时间取向分析；对时间的处理方式分析	典型的时间观念图绘与分析；语言所反映的时间观分析；影视作品、文学作品分析讨论；关键时间分析；案例分析	反映时间观的语言表达、文学作品、影视作品、关键事件、案例等的收集；实证研究；与目的语文化成员的讨论
空间观	领地观、体距、体触、空间布置与空间塑造表现方式及成因分析	案例分析；影视、图片分析；对亲密距离、个人距离、社交距离与公众距离的诠释与分析；对体触的诠释与分析；角色扮演与讨论；对空间布置与塑造的诠释与分析；建筑与居住特点分析	反映空间观的影视、图片等材料收集；学生以空间观为主题的影视作品摄制与分析；实证研究；与目的语文化成员的讨论

① 潘亚玲.跨文化能力内涵与培养：以高校外语专业大学生为例[M].北京：对外经济贸易大学出版社，2016：157.

续表

影响跨文化交际的文化基本因素	内容	形式与媒体	项目与作业
社会规范与行为准则	工作与事务处理方式分析；人际关系的建立与维护原则分析；行为规范分析	基于不确定性规避、普遍主义/特殊主义等文化维度理论的行为方式分析；公共生活与组织中的行为规范与规章制度分析；礼貌原则与表现形式分析；教育方式分析；习俗规范与禁忌分析；文学作品与影视作品分析	有关文化维度理论的文献阅读；行为规范与规章制度材料收集；相关文学与影视作品收集；关键事件、案例等的收集、实证研究、与目的语文化成员的讨论
语言	语言（包括词汇、语篇、语用、文体层面）的文化内涵分析；语言变迁与文化发展；交际风格分析	文学作品、报刊文章阅读分析讨论；影视作品分析；案例分析；谚语、格言的文化内涵分析与比较；隐喻及其文化背景；语言变迁与文化发展；流行语变迁分析；母文化与目的语文化跨文化交际核心概念的诠释与比较；话语分析；文本分析与比较；语言交际风格分析	有关语言风格的文化特征的文学、文本与影视作品收集；谚语、格言等收集；专题报告准备；话语分析材料收集；关于语言风格的视频制作与分析；实证研究；与目的语文化成员的讨论
非言语交际	影响跨文化交际的非言语交际因素的感知与分析；对目的语非言语交际的敏感性培养	影视作品、图片分析；案例分析；角色扮演与讨论；专题报告与讨论；关于非言语风格的视频制作与讨论分析；话语分析（侧重副语言分析）	有关非言语风格的影视作品、图片收集；专题报告准备；关于非语言风格的视频制作；实证研究；与目的语文化成员的讨论
感知与符号象征	感知、意义诠释与归因分析；文化符号与象征分析；饮食文化；服饰文化；礼仪	影视作品与文学作品分析；案例分析；角色扮演与讨论；专题报告与讨论；关于感知与符号象征视频制作、讨论分析	有关感知与符号象征影视作品、图片收集；专题报告准备；话语分析材料收集；关于感知与符号象征制作；实证研究；与目的语文化成员的讨论

需要指出的是，重视文化教学并不是轻视语言教学。有学者曾担心，对文化教学的重视会让学生以为语言学习和训练并不重要，只要能够理解外国文化就可以掌握外语。[①] 事实上，我们上面所提及的教材都是将语言学习和文化学习相融合的。增加文化教学的内容，而不是减少语言学习的比重。语言教学和文化教学两者是可以互相促进、互相推动的。以文化为内容的语言教学有利于提高学生对外语学习的主动性，使外语学习更有趣味和意义。

---

① 刘齐生."跨文化能力"之概念及其引出的问题[J].广东外语外贸大学学报，2004(4)：33-36.

第六章 中国葡萄牙语教师访谈

第一节 访谈基本方法

本研究对中国葡语教师代表进行了访谈。访谈形式为远程电话采访，并在征求受访者同意之后进行了录音，之后对录音进行了转写(见附录一)。采访主要针对以下几个问题展开：

(1)受访者的基本信息；

(2)受访者对曾留学/海外工作过的国家或地区的印象；

(3)所在院校针对跨文化能力培养的具体措施；

(4)开设葡语国家文化类课程的具体情况；

(5)具有跨文化能力的学生有哪些特点；

(6)跨文化能力培养包含哪些方面和阶段；

(7)个人对“文化”概念的理解；

(8)如今中国葡语教学存在的问题。

受访者分别来自中国内地和澳门地区的高等学校，受访时年龄为27至32岁，学历为硕士研究生或博士研究生，均有国(境)外留学和生活的经历，在高校教授葡语的时间1—8年不等。正如前面章节所介绍的，中国葡语教学在2000年，尤其是2005年之后经历了“爆发”式的发展，目前大部分的高校葡语教师均是这个时期毕业的，他们是教师队伍中的年轻力量。本研究选取的6名受访者是中国葡语教师队伍主力中的典型代表，对他们的访谈为研究中国葡语教学现状提供了重要依据。

表 6-1 访谈者基本信息

受访者	性别	年龄	最高学历	国(境)外留学/工作国家/地区	国(境)外留学/工作时间	高校教授葡语时间
A	女	27	硕士研究生	葡萄牙	4 年	将近 1 年
C	女	31	硕士研究生	巴西	少于 1 年半	8 年
F	男	32	博士研究生	葡萄牙	4 年	6 年
H	女	29	硕士研究生	澳门	两年半	3—4 年
L	女	30	博士研究生	葡萄牙	5 年左右	6 年
S	女	27	硕士研究生	澳门、巴西	澳门 2 年,巴西 1 年	将近 3 年

如表 6-1 所示,受访者 A 的年龄为 27 岁,性别女,最高学历为硕士研究生,在葡萄牙累计学习生活了 4 年:本科阶段 1 年,硕士研究生阶段 3 年,在高校任教时间少于 1 年。受访者 C 的年龄为 31 岁,性别女,最高学历是硕士研究生,研究生阶段在巴西累计学习生活的时间少于 1 年半,在高校任教时间为 8 年。受访者 F 的年龄为 32 岁,性别男,最高学历为博士研究生,累计在葡萄牙学习生活的时间为 4 年,在高校任教时间为 6 年。受访者 H 的年龄为 29 岁,性别女,最高学历是硕士研究生,研究生阶段在澳门累计学习生活的时间为两年半,在高校任教时间为 3—4 年。受访者 L 的年龄为 30 岁,性别女,最高学历为博士研究生,本科和研究生阶段在葡萄牙累计学习生活的时间为 5 年左右,在高校任教时间为 6 年。受访者 S 的年龄为 27 岁,性别女,最高学历是硕士研究生,本科阶段在巴西学习生活 1 年,研究生阶段在澳门学习生活 2 年,在高校任教时间少于 3 年。

第二节　访谈结果分析

一、受访者对曾留学或工作过的国家或地区的印象

谈及对其曾留学或工作过的国家或地区的印象，受访者分别从生活节奏、自然环境、社会治安、语言、教学水平和人民性格等方面进行了阐述。受访者 A 说到，葡萄牙作为老牌欧洲国家，生活安逸，具有浓厚的历史文化积淀，相对应地，葡萄牙人性格较为平和，热情友好且文化素养较高。受访者 C 说到，巴西民众热情奔放，但是社会秩序感不强，罢工事件频发。受访者 F 说到，葡萄牙民众生活节奏较慢，对生活质量要求不是特别高。受访者 H 说到，澳门面积较小，气候潮湿，葡语使用范围不大，澳门民众除了说粤语以外，与中国其他地区的民众区别不大。受访者 L 说到，葡萄牙风景优美，民众热情，当地习俗也易于接受。受访者 S 说到，本科阶段在巴西能感受到民众的热情，老师认真负责但是社会治安较差；研究生阶段在澳门的感受是城市环境优美，治安良好，老师认真负责且大学图书馆资料齐全。

通过以上阐述，我们可以看出，无论所谈论的是哪个国家或地区，受访者都谈论到了一些共性特征，包括自然环境、社会现状、人民性格、生活方式等。

综上所述，在葡萄牙有过生活或学习经历的受访者普遍认为葡萄牙生活较为安逸，生活节奏较慢并且民众较为热情；在巴西有过生活或学习经历的受访者普遍认为巴西人民热情，但社会治安较差；在澳门有过生活或学习经历的受访者 H 认为澳门面积较小，气候潮湿，葡语使用范围不大，澳门民众除了说粤语以外，与中国其他地区民众区别不大；另一位受访者 S 对澳门的印象是城市环境优美，治安良好。

二、所在院校针对跨文化能力培养的具体措施

受访者分别来自 6 所不同的高校，其所在的院校针对学生进行跨文化能

力培养的具体措施各不相同。受访者 A 说到，在大一升大二的暑假，学院会安排葡语专业学生前往澳门参加暑期学习班，暑期班由葡萄牙和巴西的老师教授葡萄牙语，带领学生参与各类文化活动，比如通过参观当地的博物馆和俱乐部、品尝当地美食等活动来了解葡萄牙和澳门当地的文化。大三学年，学生会去巴西的合作院校进行为期 1 年的交换学习。此外，在国内学习阶段，学院也会安排讲座、留学生交流以及其他相关活动来提升葡语专业学生的跨文化能力。

受访者 C 说到，在和境外高校合作交流方面，本专业与葡萄牙、巴西的高校都有学生交流合作项目，为期 1 年；在课外活动方面，学校会组织外语晚会和文化周，邀请中巴书友会主办方来校举办葡语文化宣传活动，并支持学生参与其他相关的文化活动。

受访者 F 说到，在境外高校合作方面，学校在学生大三时会组织他们前往境外进行交流学习；在课程设置方面，学校会选用国外的原版教材，视听说课程会选取葡语国家音视频给学生练习；在课外活动方面，学校会建议学生积极参加澳门当地葡语文化组织举办的活动，多与葡语使用者交流。

受访者 H 说到，在境外高校合作方面，学校在学生大三时会组织他们去葡萄牙交流学习 1 年；在课程设置方面，开设有葡萄牙文化导论、巴西文学和葡语国家国情等课程；此外，学校还在葡萄牙当地开设了孔子学院。

受访者 L 说到，在境外高校合作方面，学校会组织学生在大三学年前往葡萄牙进行为期 1 年的交换学习；在课程设置方面，尽管没有开设专门的文化类课程，但学校在其他课程里会选用外版教材，并且鼓励有留学经验的老师结合自身经历对课本内容进行文化方面的补充。

受访者 S 说到，在境外高校交流方面，学校会组织学生在大二学年前往澳门，大三学年前往葡萄牙进行交流学习；在课外活动方面，学校会组织葡语演讲比赛、配音比赛和朗诵比赛等，并举办和葡萄牙学生的联谊晚会。

综上，我们可以归纳出，这 6 位受访者所在的高校全部具备与境外高校的合作交流项目，学生可以前往目的语国家或地区进行交流学习。除此之外，在课程设置方面，受访者 F 和 L 所在的学校选用了葡语国家原版教材，有意识地在课程内进行文化内容补充。在课外活动方面，受访者 A、C、F、L、

S所在的院校会鼓励或者组织学生参加与葡萄牙语国家文化相关的活动。

三、开设葡萄牙语国家文化类课程的具体情况

本研究受访的6位教师所在的高校中,有5所开设了“葡语国家文化”或相关课程,1所高校未开设专门的文化类课程。

受访者A所在高校的葡萄牙语专业在大二学年设置了“葡萄牙语国家与文化”课程,用以介绍葡语国家的风土人情概况。同时,学院的选修课中有“欧洲国家文化”等课程,也会简要介绍到葡语国家的文化。以上课程由中教和外教联合授课,授课形式灵活多样。其中,外教会根据自身经历进行教学,中教授课会根据文化读本选择特定的文化主题,如音乐、文学、体育等,指导学生选择自己感兴趣的葡语国家,并根据主题进行分组课堂展示和深入探讨。此外,老师也会推荐相关书目让学生阅读。在课堂教学上,对葡语国家文化的探讨以巴西和葡萄牙为主,对非洲葡语国家涉及较少;在文化对比方面,教师会在课堂上就某一主题对中国和葡语国家进行文化间的横向比较,也会对同一时期不同国家间的文化情况进行对比。

受访者C所在高校的葡萄牙语专业开设有“葡语国家概况”课程,同时,本专业的其他课程也会融入对葡语国家文化的介绍,如给学生播放与葡语国家文化相关的电影、视频。老师也会指定某个与文化相关的主题,指导学生调研,以纸质作业或者课堂展示的方式呈现调研成果。在授课形式方面,该高校不选用固定教材,由任课老师自编教学材料;在课堂教学上,老师对葡语国家文化的探讨偏重葡萄牙和巴西,将非洲葡语国家的内容放在一个章节里讨论;在文化对比方面,该校葡语专业的大纲并无具体规定,而由老师自行决定在教学进程中安排各国文化对比的内容。

受访者F所在高校的葡萄牙语专业在大三第二学期设置了“葡语国家历史及文化概况”这一课程。此外,其他课程在授课时也会融入葡语国家文化和中葡文化对比的内容,如翻译课中老师会谈到文化因素对翻译的影响。在授课形式上,通常由外教自拟主题授课,并无特定教材:老师会给学生准备文字材料,上课时老师讲解一部分内容作为引导,另一部分内容则为了培

养学生的探索能力，会依据教学安排给学生定主题，让他们按自己的兴趣目标和教学指导准备课堂展示。此外，老师在教学过程中也会使用视听材料进行辅助，如分享一些介绍葡语国家简史或者特定历史事件的视频；在课堂教学上，老师对葡语国家文化的探讨集中于葡萄牙和巴西，对其他亚非葡语国家及地区仅做了解性介绍；在文化对比方面，老师会以澳门为主题，讲授其所展现的与中葡文化碰撞交融相关的内容，并引导学生进行反思探讨。

受访者 H 所在高校的葡萄牙语专业在高年级开设有“葡萄牙文化导论”“葡语国家国情”等课程。在授课形式方面，通常由外教自选材料，用以介绍不同葡语国家的基本情况和文化特色；在课堂教学上，老师对葡语国家文化的探讨会涉及各个国家和地区，但讨论的层面较为浅显。在文化对比方面则几乎没有涉及。

受访者 L 所在高校的葡萄牙语专业在大三学年设置了与葡语国家文化相关的课程，但由于学生大三要出国，实际上并没有正式上过课。在其他课程上，老师会结合自己的知识和经历，对与葡语国家文化相关的内容，如饮食、历史、文学等领域进行知识补充。在授课形式方面，中教和外教有所区别：中国教师在教学中会更多地使用文本材料，而外教会倾向于使用视听方面的教学资源；在文化对比方面，教师会适时补充关于中国文化与葡语国家文化比较之下的反思或提出与文化对比相关的课题进行讨论，让学生跳出自己的文化思维去探究不同文化间的异同点，葡语专业的翻译课上会结合与文化相关的具体例子，传授学生外化和内化了的文化类知识。

受访者 S 所在高校的葡萄牙语专业并没有开设专门的文化类课程，但老师会在其他课程里，如泛读课、阅读课、写作课的授课过程中融入文化类知识。在授课形式方面，主要以文本阅读为主，同时以视频材料和课堂展示作为补充；在课堂教学上，老师对葡语国家文化的探讨以葡萄牙为主，巴西和其他葡语国家也有涉及；在文化对比方面，老师会在授课讲解语言点时对应相应的中文，以补充文化对比方面的内容，但并没有形成系统的比较。

综上，我们可以归纳出：大部分高校在本专业教学计划中都开设有文化类课程，个别高校如受访者 S 所在的高校虽然并未有直接相关的课程，但在语言教学的其他课程中也会结合葡语国家文化相关内容进行授课。在授课形式方面，大部分高校都没有固定教材，而是采取中教、外教共同授课的形式：中教授课形式主要以文本阅读材料和课堂展示为主；外教授课则更多地结合其自身经历，并善用视听方面的资源。涉及对葡语国家文化的探讨比重方面，大部分高校以葡萄牙和巴西两个国家作为重点介绍对象，对其他葡语国家仅做了解性介绍，但受访者 H 所在的高校对各葡语国家及地区间的文化有较为均衡的讲解时间配比，但介绍内容普遍较为浅显。在文化对比方面，各高校情况差别较大。受访者 A 所在的高校开设的文化类课程会针对某一主题，引导学生进行文化间的横向比较和纵向比较，横向比较的对象是中国和葡语国家及地区；纵向比较的对象是同一时期不同国家的文化情况。在受访者 L 和 S 所在的高校，没有与文化直接相关的课程设置，教师会在其他课程上补充相关的文化性知识，但并不系统。在受访者 C 和 H 所在的高校，其大纲内并没有针对跨文化能力培养的具体规定，因此，教师往往掌握着文化相关内容教学的主动权，有时也会有讲授文化相关内容较少的情况出现。

四、具有跨文化能力的学生特点

受访者 A 认为，具有跨文化能力的学生应当能够用包容和开放的心态对待文化差异，同时能反思自己的文化，最终找到新的文化身份认同。

受访者 C 指出，具有跨文化能力的学生更了解地道的葡语口语表达。此外，当他们踏上工作岗位后，也能借助自己更高的语言水平和对对象国文化的了解，更好地适应对象国的社会。

受访者 F 认为，具有跨文化能力的学生一般应具备三点优势：第一是眼界更加开阔，认知能力更强；第二是组织能力和生活能力更强；第三是语言能力更强。

受访者 H 强调，具有跨文化能力的学生首先应具有文化吸收和资料整合的能力，能够较快地了解不同的文化内容并使其“对号入座”；其次，应有足够的语言能力，能够从语言的层面出发了解文化。最后，应具备较强的沟通和表达能力，能够将从其他文化中领略到的内容转化为自己的东西，并且表达呈现出来。

受访者L认为,具备跨文化能力的学生首先要有兴趣或有意识地去了解并接受不同文化间的差异,并且能够对双方文化都较为了解,才能在遇到文化冲突的时候,选取一定的策略应对文化差异,并进行有效的信息沟通。

受访者S说到,具备跨文化能力的学生应包含三个特质,首先,性格较为外向,愿意与他人交流沟通;其次,具备较强的语言表达和组织能力;最后,有热情、有意愿与别人交流,能够把中国文化传播到国外或者讲给他们的外国朋友听。

综上,我们可以归纳出,几乎所有的受访者都将语言能力作为是否具有跨文化能力的考察指标。此外,受访者A、L、S都提到了具备跨文化能力的学生要有了解对方文化的兴趣,能够用开放、包容的心态去对待其他国家和地区的文化。受访者A、H、S认为,跨文化能力体现在对自己国家文化的反思和输出上。这些都强调了Fantini① 所指出的跨文化能力四个方面中应有的态度和意识。此外,受访者C、F、H、S都强调了语言能力、表达能力和组织能力,这些素质是知识和技能层面的体现。由此,我们可以看出,被采访教师对于跨文化能力的认识是比较全面的。

五、跨文化能力培养所包含的方面和阶段

受访者A解释道,跨文化能力培养首先包含课上和课下对葡语国家风俗文化的学习;其次是通过对语言木身的学习了解葡语国家文化;最后是利用出国交换的机会,多和当地人交流,积极融入当地生活。

受访者C提到,老师首先要用自身丰富的国际学习背景,掌握多个葡语国家和地区的文化情况;其次,一些跨文化学习的平台和活动在培养跨文化能力方面起非常重要的作用;最后,专门的跨文化能力培养教学资料和课程

---

① FANTINI A E. A central concern: developing intercultural competence[C/OL].(2016-01-04)[2019-12-20].http://www.doc88.com/p-9972307146162.htm? r=1.
SPITZBERG B H, CHANGNON G. Conceptualizing intercultural competence[G]//DEARDORFF D K. The SAGE Handbook of Intercultural Competence. Thousand Oaks, CA: SAGE, 2009:2-52.

也很重要。

受访者F强调，在跨文化能力培养的实践中，大一学生应对葡语国家文化有一个整体了解。在大二大三阶段，老师应通过引导学生阅读材料使其进一步了解葡语国家和地区文学、历史等方面的情况，鼓励学生结合之前的文化知识积累进行理解和探索。

受访者H表示，跨文化能力培养首先要求学校和专业能给学生提供优质的数据库和大量信息，以便学生形成对葡语国家和地区文化的初步印象。其次是老师要有跨文化背景，具备培养跨文化学生的能力。最后在培养学生时，老师应鼓励低年级学生在教材之外，多接触以中文为载体的葡语国家文化，如电影、演唱会等；鼓励高年级学生出国，从而更好地亲身感受当地的文化。

受访者L指出，跨文化能力培养往往体现在细节处，老师在语言教学时，往往会结合具体的语境。此时老师要有意识地透过文化现象，教授学生渗透在该现象背后的知识。

受访者S说到，在跨文化能力培养的实践中首先要求学生具备比较扎实的语言基础；其次需要老师在课堂上时刻留意，进行中国和葡语国家文化的对比教学；最后发挥学生自己的主动性，抓住与葡语国家和地区人员的交流机会，从互动中更好地了解对方的文化。

Clackworthy① 将跨文化能力的发展分为六个阶段。第一阶段为"本地专家"(local expert)，是质疑或无知阶段。学习者的行为以本地文化为标准，可以意识到较为表层的文化差异。第二阶段为"旅行者"(tourist)，是觉察阶段。学习者意识到文化差异的存在，认识到自身优势和弱点。第三阶段为"好奇的旅居者"(curious sojourner)，是理解阶段。学习者开始深入了解文化差异的内涵和技能发展的性质。第四阶段为"二元文化专家"(bicultural expert)，是合成阶段。学习者将本地文化和异地文化进行融合，发展以技能为基础的能力。第五阶段为"综合者"(integrator)，是选择阶段。学

---

① CLACKWORTHY D. Training Germans and Americans in Conflict Management [M]// BERGER M. Cross-Cultural Team Building. New York: McGraw-Hill, 1996.

习者能够融合两种文化，综合已有的技能方法构建跨文化能力。第六阶段为"领导者"(leader)，是熟练阶段。学习者能够利用跨文化能力进行国际活动。通过被采访教师的描述，我们可以归纳出：所有受访者都提到以教师教学为主的第一阶段和鼓励学生以不同方式接触葡语国家和地区文化的第二阶段。但对于跨文化能力培养的几个不同阶段和特点涉及较少。尤其对于融合两种文化、综合技能方法、运用跨文化能力进行国际活动等高阶段的解读，几乎没有提到。受访者着重强调的是让学生接触目的语文化和进行文化对比的觉察阶段、理解阶段。

六、受访者对"文化"概念的理解

受访者A认为，文化这个概念可以从很多层面来理解：可以是一个国家或者民族本身，可以是浅层可见的饮食、音乐等物质或者非物质的积累，也可以是一个地区的人民代代传承积累下来的知识、价值观、传统和习俗。

受访者C表示，文化首先是语言的基础，除了语言之外，影视、艺术、音乐也是文化的组成部分。此外，还有对象国人与人的相处方式、生活习俗、宗教信仰等也属于文化的范畴。

受访者F指出，文化是一个国家最精华的部分，也可以说是一个国家的象征，文化能够帮助我们对一个国家和其人民进行定义。

受访者H强调，文化可以指一个国家或地区中人民的语言、饮食或生活习惯等，是国家的象征。

受访者L解释道，文化应该是一个国家或地区约定俗成的集体的意识形态、生活习惯和精神的结晶成果，表现为文学、艺术等形式。

受访者S说到，文化和语言息息相关，语言深深地植根于文化之中。文化包含的范围很广，从远古时代到现当代人类文明的结晶都可以称为文化，并且直到现在文化仍不断被传承、发展着。

综上，我们可以归纳出，所有受访教师都认为文化是一个国家和民族的象征，具有群体性和广泛性，且语言和文化息息相关，不可分割。文化不仅包含饮食、风俗、音乐等浅层表现，也包括价值观、宗教等深层范畴。可见，受访教师对文化的群体性、稳定性、文化的不同层面有比较深刻的理解，但对于文化的开放性、多样性和动态性，在采访中均未提及。在全球化和多元化时代，不同国家和地区间的文化以前所未有的频率和维度进行着互动，这些互动使其在开放状态下不断变化和融合。这就要求我们的外语教师能够结合世界发展形势，以更加多元的视角理解文化的内涵。

七、中国葡萄牙语教学存在的问题

受访者 C 说到，中国葡语教学主要存在两个问题：其一是目前年轻的葡语教师较多，他们缺乏相应的教学经验，老教师带动新教师的体系并不完善，导致年轻教师成长较慢；其二是目前国内各大高校对于教学资源的共享做得不到位，缺乏相应的组织能规范教材、师资、培养方案和学科发展，无法更好地带动后开设葡语学科的院校。

受访者 F 说到，中国葡语教学主要存在的问题是目前葡萄牙语缺乏全国统一的考试，无法针对中国学生特点衡量其语言水平。

受访者 H 说到，中国葡语教学主要存在两个问题，其一是国内葡语教学资料匮乏；其二是缺少激励学生学习葡语的动力。

受访者 L 说到，中国葡语教学主要存在的问题是市面上缺少能直接拿到课堂上使用的，具有实际教学意义的葡语教学资料。

受访者 S 说到，中国葡语教学主要存在的问题包含两点，其一是目前葡语教材严重不足，影响了老师备课和学生课下的拓展学习；其二是在教学方法方面，葡语教学还没有形成系统的教学方法和教学理论。

综上，我们可以归纳出，大部分受访者都提出了我国葡语教学缺少结合实际教学情况的教学资料的问题。此外，教学资源共享、教学方法和理论系统化、统一的等级考试等也是目前我国葡语教学存在的主要问题。

第三节　本章小结

通过对 6 位葡语教师的访谈，我们总结出了两方面内容：其一，目前高校的青年葡语教师对跨文化能力培养的认识情况;其二,高校针对学生的跨文化能力培养采取的主要措施。

综合访谈情况,我们发现,这6位受访者均有海外/境外留学或生活的经历,其所在高校全部实行了与境外高校的合作交流项目,可供学生交流学习。部分高校选用了葡语国家的原版教材,有意识地对课堂进行文化内容的补充。此外,大部分院校都会鼓励或者组织学生参加与葡语国家和地区文化相关的活动。

在访谈所涉及的6所高校中,大部分高校都在本专业的教学计划中开设有与葡语国家和地区相关的文化类课程,文化类课程几乎没有固定教材,并采取中教外教共同授课的形式。中教授课主要以文化类课程材料和课堂展示为主;外教授课则会更多地结合自身经历,并选用视听方面的资源。在课堂教学上,老师对葡语国家和地区文化的探讨以葡萄牙和巴西两个国家为主,对其他葡语国家和地区仅作了解性介绍。在课程的具体内容上,各个高校的情况则差别较大:有的高校会就某一文化主题对中国和葡语国家间的文化异同进行横向比较,也会对同一时期不同国家和地区的文化情况进行纵向对比;有的高校则并没有与文化直接相关的课程设置,教师会在其他课程上补充相关的文化性知识,但并不系统;有的高校因为其大纲内并没有针对跨文化能力培养的具体规定,所以教师往往掌握着文化相关内容教学的主动权,有时会有讲授文化相关内容较少的情况出现。

几乎所有的受访者都将语言能力作为是否具有跨文化能力的考察指标之一。在分析具备跨文化能力的学生的特点时,受访教师提到了开放、包容、兴趣等意识,也谈到了如交际能力、口语表达能力等知识和技能层面的特质。当谈论到有关跨文化能力培养的阶段和方面时,所有受访者都提到了以教师教学为主的第一阶段和鼓励学生以不同方式接触葡语国家和地区文化的第二阶段,但对于跨文化能力培养的几个不同阶段和特点涉及较少,尤其对于融合两种文化、综合技能方法、运用跨文化能力进行国际活动等高阶段的解读,几乎没有提到。受访者着重强调的是让学生接触目的语文化和进行文化对比的觉察阶段、理解阶段。

受访教师普遍认为文化是一个国家和民族的象征,具有群体性和广泛性，且语言和文化息息相关，不可分割。文化不仅包含饮食风俗、音乐艺术等浅层表现，也包括价值观、宗教等深层范畴。可见，受访教师对文化的群体性、稳定性、文化的不同层面有比较深刻的理解，但对于文化的开放性、多样性和动态性，在采访中并未提及。在全球化和多元化时代，不同国家和地区间的文化以前所未有的频率和维度进行着互动，这些互动使其在开放状态下不断变化和融合。这就要求我们的外语教师能够结合世界发展形势，以更加多元的视角理解文化的内涵。

大部分受访者都提出了我国葡语教学缺少结合实际教学情况的教学资料的问题。此外，教学资源共享、教学方法和理论系统化、统一的等级考试等也是目前我国葡语教学存在的主要问题。

最后，我们可以得出结论，目前，国内的青年葡语教师非常认同针对学生的跨文化能力培养的重要性，且有较为全面的理解，但对于新时代语境下文化的互动性和动态性，各位受访者均没有阐述。同时对跨文化能力培养的高级阶段也值得国内青年葡语教师更加深入的思考。由于访谈的及时性和话题难度设置的局限性，受访者可能并没有在访谈中完整表达出自己的理解。受访教师的访谈仅代表其个人观点，由此总结出的有关学生跨文化能力培养的特点和问题可能不具有普遍性，这一问题将在以后的研究中继续深入探讨。

第七章 《葡萄牙语专业学生跨文化能力自评问卷》结果分析

为了解中国葡语专业学生的跨文化能力发展情况，我们制作了针对中国葡语专业学生的跨文化能力自评问卷。该问卷通过一系列问题，评估学生在对葡语国家显性文化和隐性文化的了解程度、跨文化能力、文化认同等方面的情况。在问题设计的过程中，借鉴了 Lily A. Arasaratnam① 的跨文化交际量表(ICCS)、James W. Neuliep & James C. McCroskey② 的族群中心主义量表、Guo-Ming Chen & William J. Starosta③ 的跨文化敏感性量表(ISS)和 Tamra Portalla & Guo-Ming Chen④ 的发展跨文化效力量表(IES)。为了使问卷内容更加贴近葡语专业学生的学习情况，在问题设置上对和葡语国家相关的文化现象和社会现实有一定侧重。本章将从问卷概况、被调查者整体情况、量表题目统计结果与分析、量表题目统计结果交叉分析 4 个方面对调查结果进行说明。

第一节 问卷概况

该问卷共有 28 道题目，第 1 题至第 8 题统计了被调查者的基本信息，具

---

① ARASARATNAM L A. The development of a new instrument of intercultural communication competence[J]. Journal of intercultural communication, 2009(20).

② NEULIEP J W, MCCROSKEY J C. The development of a U.S. and generalized ethnocentrism scale. [J]. Communication research report, 1997 (14):385-398.

③ CHEN G M, STAROSTA W J. The development and validation of the intercultural sensitivity scale[C/OL]. https://files.eric.ed.gov/fulltext/ED447525.pdf.

④ PORTALLA T, CHEN G M. The development and validation of the intercultural effectiveness scale[J]. Intercultural communication studies, 2010(3):21-37.

体包括：性别、年级、就读高校、留学情况（对象国、时长、授课形式等）。

第 9 题至第 27 题主要为量表题，旨在从不同角度对被调查者在跨文化交际各个方面的情况和能力进行统计。被调查者需要在“1（不符合/不赞成）”到“5（非常符合/非常赞成）”5 个数字中选择符合自己情况的选项。

第 28 题为开放式填空题，被调查者在回答完前面所有问题后将对“我的文化是什么”这一开放性问题作出思考。

通过这些问题，我们可以从不同角度对被调查者的跨文化能力和文化认同情况进行评估（调查问卷详见附录二）。

第二节　被调查者整体情况

本节将根据调查问卷第 1 至 8 题呈现的结果，对被调查者的性别、年级、就读高校、留学情况等基本信息进行归纳和说明。

问卷从 2019 年 7 月 1 日开始发放，到 7 月 13 日发放截止。2 周时间内共收集到 378 份样本，其中男性被调查者 86 份，女性被调查者 292 份，性别比例约为 1∶3。

按照被调查者的地理位置分类，国内（包括港澳台）共收集到 323 份样本，国外共收集到 55 份样本。国内样本主要集中在北京（149 人）、广东（49 人）、上海（44 人）、重庆（17 人）、浙江（12 人）、澳门（9 人）；国外样本主要集中在葡萄牙（15 人）和巴西（15 人）。

被调查者主要是国内葡语专业的在读本科生或毕业生。按照年级可以把被调查者分成以下 5 组：本科一年级（77 人）、本科二年级（69 人）、本科三年级（70 人）、本科四年级及毕业一年以内（63 人）、已本科毕业一年以上（99 人），每组的样本数量比较平均。

在全部被调查者中，有 199 人曾经在葡语国家和地区学习过，以本科三年级及以上的学生为主，分别占所属年级比例的 82.86%（本科三年级）、75.34%（本科四年级或已毕业一年以内）和 80.81%（已毕业一年以上）。没有葡语国家学习经历的 179 位被调查者主要集中在本科一、二年级。在本科一、二年级里，只有 1.30% 和 7.25% 的被调查者有过在葡语国家学习的

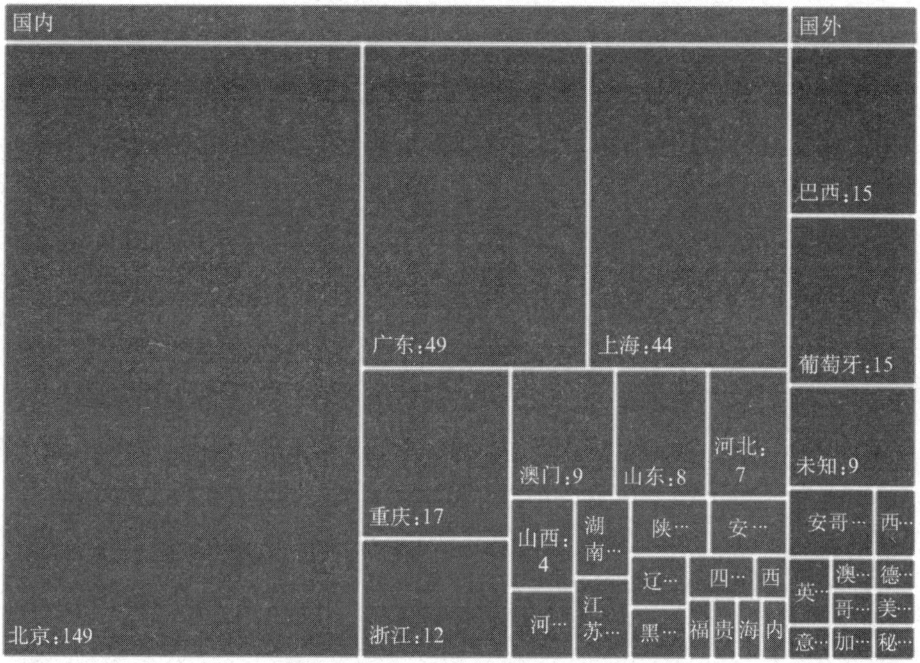

图 7-1 本研究问卷被调查者地理分布

经历。

在 199 名曾在葡语国家和地区学习过的被调查者中，男性 49 人，女性 150 人，女性占比 75.38%。

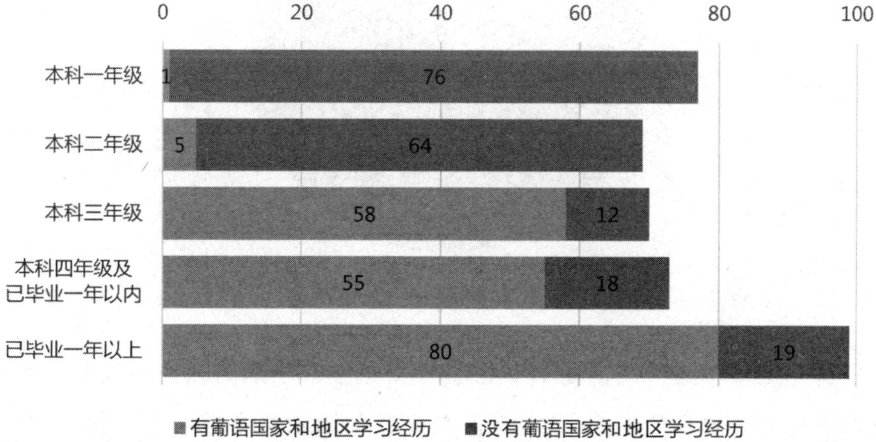

图 7-2 研究问卷被调查者年级分布

在 199 名曾在葡语国家和地区学习过的被调查者中，有 160 人主要在葡萄牙生活学习，34 人主要在巴西生活学习，4 人曾在中国澳门留学，还有 1 人曾在莫桑比克生活学习。在这 199 人中，除去已毕业并长期在葡语国家和地区生活（3 年及以上）的 8 人外，在葡语国家和地区生活学习时间介于 6 个月到 12 个月（含）之间的共有 145 人，占总数的 72.86%。

在有葡语国家和地区学习经历的 199 位被调查者中，180 人表示自己在对象国学习时有相对固定的班级或同学群体，占总数的 90.45%；19 人表示自己在留学期间没有固定的班级或同学群体，占比 9.55%。在有固定同学群体的 180 名被调查者中，108 人表示自己的班级或同学群体全部或几乎全由中国留学生组成，占有葡语国家和地区学习经历总人数的 54.27%；54 人表示自己的班级或同学群体由不同国籍的外国人组成，占有葡语国家和地区学习经历总人数 27.14%；17 人表示自己留学期间的课堂是由外国学生与该国当地学生共同组成的，占有葡语国家和地区学习经历总人数 8.54%。

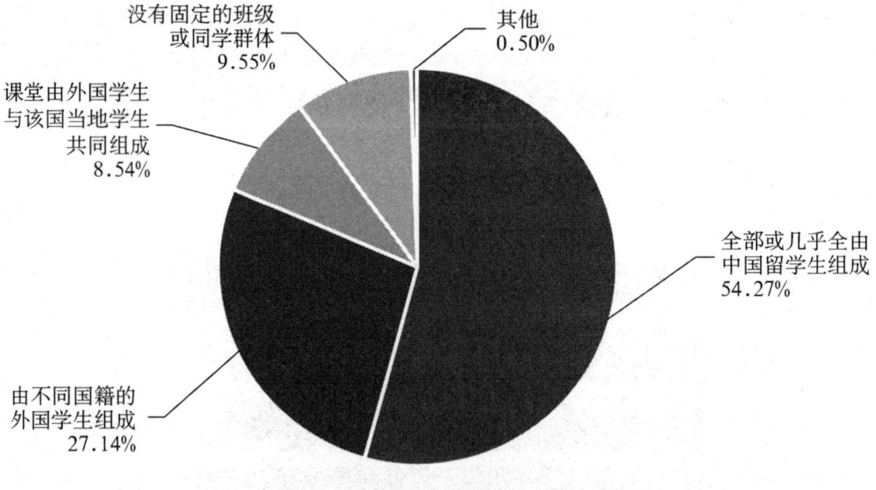

图 7-3 本研究问卷有留学经历的被调查者其留学班级构成

这一结果暴露了我国葡语专业本科生在外留学期间存在的问题。出国交换学习的主要目的之一，是全方位地接触葡语国家和地区的文化，获得沉浸式的语言学习和文化体验。然而大多数葡语专业学生虽然在国外，但所在班级几乎全部由中国留学生组成，这在一定程度上影响了学生接触多元文化的效果。

第三节　量表题目统计结果与分析

本部分是对问卷第 9 至 27 题统计结果的说明。为了使统计结果的展示更清晰、更有意义，我们以第 4 题的统计数据为基础，将“有葡语国家和地区学习经历的 199 名被调查者”定义为 A 组，将“没有葡语国家和地区学习经历的 179 名被调查者”定义为 B 组。本部分在说明时会先展示全体 378 位被调查者的统计结果，再分别展示 A 组和 B 组的统计结果，有必要时会展示以其他分类方式进行统计的结果。如前文所述，第 9 至 27 题主要为量表题，被调查者需要根据题目叙述在“1”(不符合/不赞成)到“5”(非常符合/非常赞成)5 个数字中选择符合自己情况的选项。其中第 11 题和第 15 题是针对 A 组被调查者设计的题目，B 组被调查者填写问卷时不涉及这两题。

第 9 题“我能够接受并适应葡语国家和地区的以下现象”统计了被调查者对葡语国家和地区一些相对显性的文化、社会现象的了解和接受程度，包括饮食、作息、交通、规章制度、文化禁忌 5 个小题。全体被调查者、A 组、B 组的平均打分情况见表 7-1。

表 7-1

分组	饮食	作息	交通	规章制度	文化禁忌	总平均
全体	3.76	3.83	3.62	3.89	4.03	3.83
A 组	3.96	3.95	3.69	4.08	4.21	3.98
B 组	3.54	3.69	3.55	3.67	3.84	3.66

通过统计可以发现：(1)5 个小题的平均得分差别不大；(2)全体被调查者和 A 组“交通”的平均得分最低，B 组“饮食”的平均得分最低，“文化禁忌”的平均得分最高；(3)A 组对每一项的平均打分都高于 B 组。

第 10 题“我常常能理解葡语国家和地区的以下事物或现象”和第 9 题模式相同，统计了被调查者对葡语国家和地区政治经济状况、社会问题、风俗习惯、思维方式、宗教信仰这5个方面的了解程度。全体被调查者、A组、B组的平均打分情况见表7-2。

表7-2

分组	政治经济状况	社会问题	风俗习惯	思维方式	宗教信仰	总平均
全体	3.67	3.63	3.84	3.51	3.66	3.66
A组	3.73	3.70	3.91	3.53	3.72	3.72
B组	3.59	3.56	3.75	3.48	3.59	3.60

通过统计可以发现:(1)5个小题的平均得分差别不大;(2)3个分组都以"思维方式"的平均得分为最低、以"风俗习惯"的平均得分为最高;(3)A组对每一项的平均打分都高于B组。

第11题"我觉得自己已经很了解去过的葡语国家和地区的文化了"是针对A组被调查者设计的题目。该题的平均得分为3.28,其中102人选择了"3",占总数的51.26%;71人选择了"4"或"5",占总数的35.68%;26人选择了"1"或"2",占总数的13.07%。统计结果表明,大多数被调查者认为自己对已去过的葡语国家和地区的文化了解程度一般。

第12题"我觉得某个个体能代表他所在民族的整体文化",第13题"葡语国家和地区中有一些文化现象我无法理解"和第14题"我的国家或其他国家发生政治、经济、宗教等方面的事件时,我能从不同的文化角度看待"这3题从不同角度考察了被调查者对文化的理解和其跨文化能力自评结果。全体被调查者、A组、B组对这3道题目的平均打分见表7-3。

表7-3

分组	第12题平均打分	第13题平均打分	第14题平均打分
全体	2.44	3.10	4.05
A组	2.44	3.18	4.11
B组	2.45	3.01	3.99

两组被调查者对第12题的打分几乎一致;A组对第13题和第14题的打分高于B组。这可能说明,通过在对象国的学习生活经历,A组被调查者

亲身融入了异国的生活和文化，因此有更多机会发现一些“无法理解的文化现象”，与此同时，A 组被调查者也变得更能够从不同文化角度看待不同国家所发生的政治、经济、宗教等事件了。

对于第 12 题，全体被调查者的平均分为 2.44，其中 71 人选择“4”或“5”，占总数的 18.78%；109 人选择“3”，占总数的 28.84%；198 人选择“1”或“2”，占总数的 52.38%。这说明大家能够区分群体和个体的文化特征。文化具有群体性的特征，而不能简单地以个体为代表。在全球化和多元化的时代，我们应当形成新的多元文化观，从多角度理解不同的文化群体。

第 15 题“我虽然会说当地语言，也能理解当地文化，但是在留学时会感到自己与环境格格不入”是针对 A 组被调查者设计的题目，主要考察被调查者在对象国的适应能力。该题平均得分为 2.89，其中 76 人选择“1”或“2”，占比 38.19%；65 人选择“3”，占比 32.66%；58 人选择“4”或“5”，占比29.15%。总体而言，我国葡语专业留学生对自己在对象国学习生活的适应能力自评还是比较乐观的。

第 16 题“我尊重来自不同文化的人的价值观念和行为举止”用于考察被调查者在跨文化交往中的文化态度。本题的平均得分比较高，为 4.56。这说明被调查者在自评环节对尊重多元文化，具有包容的文化态度有较高的自我认可度。

第 17 题“学习或体验葡语国家文化时，我会联想到中国文化中的相关现象”用于考察被调查者在跨文化交际时对本民族文化的反思能力。本题的平均分为 4.36，说明参与者对学习葡语文化的同时反思自己文化的能力有较高的自我认可度。

第 18 题“我在与来自其他文化的人交流自己的文化时，会感到害羞或紧张”，第 19 题“假如我感到害羞或紧张，那是因为……”，第 20 题（填空，选填）“除上述四点外，让你感到害羞或紧张的其他原因是什么？”是一组问题，用于考察被调查者在跨文化交流实践中的交际意愿、自信程度和交流能力。

三个分组对第 18 题的打分情况见表 7-4。

表 7-4

分组	第 18 题平均打分
全体	2.99
A 组	2.86
B 组	3.15

全体被调查者对第 18 题的平均打分为 2.99，其中 39.16%的被调查者选择“1”或“2”；21.69%的被调查者选择“3”；39.16%的被调查者选择“4”或“5”。A 组的平均打分为 2.86，其中 43.72%的被调查者选择“1”或“2”；22.61%的被调查者选择“3”；33.67%的被调查者选择“4”或“5”。B 组的平均打分为 3.15，其中 34.08%的被调查者选择“1”或“2”；20.67%的被调查者选择“3”；45.25%的被调查者选择“4”或“5”。综上可以发现，通过在对象国的学习生活，葡语专业学生在与其他文化的人交流自己国家的文化时，紧张感有所降低。

第 19 题和第 20 题用于探究被调查者在跨文化交际时出现紧张或害羞感受的原因。其中，第 19 题提供了 4 个选项，分别为“担心自己的语言水平不足”“担心自己不合群”“担心其他国家和地区的文化比自己国家和地区的文化要优秀”“担心自己国家和地区的文化被嘲笑或误解”。第 20 题用于让被调查者补充第 19 题中没有提到的原因。表 7-5 是第 19 题 4 个选项的平均打分情况。

表 7-5

第 19 题子题目	平均打分
担心自己的语言水平不足	3.96
担心自己不合群	2.99
担心其他国家和地区的文化比自己国家和地区的文化要优秀	1.63
担心自己国家和地区的文化被嘲笑或误解	1.91

通过数据可以发现，绝大多数被调查者是因为担心自己的语言水平不足而感到害羞，也有相当一部分人担心自己不合群，而担心自己国家和地区

的文化被嘲笑或误解、担心其他国家和地区的文化比自己国家和地区的文化要优秀的被调查者数量并不多。这一结果说明绝大部分被调查者具有本民族文化自信,或认为文化不具有可比性,不同国家和地区的文化具有平等性,没有高低之分。此次问卷在题目设计中并未明确显示被调查者出于何种原因而较少选择后两个选项,这是本次调查的局限之处。

第 20 题共收集到 22 条答案,其中 4 人提到了自身性格原因,4 人提到了怕解释不清,2 人提到了文化差异,此外还有担心会触犯他人、害怕肢体接触、担心不被接受等回答。

第 21 题"我愿意和来自不同文化的人交流",也用于考察被调查者的跨文化交际意愿。本题的打分比较高,其中 337 人都选择了"4"或"5",占总数的 89.16%;36 人选择"3",占总数的 9.52%;只有 5 人选择"1"或"2",占总数的 1.32%。全体被调查者平均打分为 4.44,A 组平均打分为 4.46,B 组平均打分为 4.42。三组的平均打分相差不大,其中 A 组略高于 B 组。

第 22 题"与来自某个不同国家的人互动时,我通常会试着适应对方的一些方式"和第 23 题"和来自其他文化的人互动时,我能体察到对方的微妙意思"主要用于考察被调查者在跨文化交际时的交际策略。这两题的平均打分分别为 4.24、3.61;A 组的平均打分分别为 4.29、3.63;B 组的平均打分分别为 4.18、3.58。三个分组方式对这两道题目的平均打分相差不大,但可以发现 A 组的平均分高于 B 组。

第 24 题"大多数其他文化与我的文化相比是落后的"用于考察被调查者对"文化"的理解。全体被调查者的平均打分为 1.87,A 组的平均打分为 1.86,B 组的平均打分为 1.88。三个分组的平均打分相差不大,总体分值较低。由此可以发现,中国的葡语专业学生具有基本的文化包容和平等观念。

在第 25 题"我感到来自其他文化的人可以给我积极的影响"中,全体被调查者的平均打分为 4.03,A 组平均打分 4.10,B 组平均打分 3.97。三个分组的打分结果相差不大,其中 A 组略高于 B 组,这说明学生认为通过在对象国的学习经历,对于提高跨文化能力有一定程度的正面影响。

第 26 题"我与跟自己关系好的人在一起时感到更亲近,不管他们是否属于我自己的文化"和第 27 题"我通常与来自我自己文化的人在一起时感到更亲近，因为我能与他们很好地建立联系”是一组问题，用于考察被调查者对文化群体的划分理解。三种分类方式的打分情况见表 7-6。

表 7-6

分组	第 26 题平均打分	第 27 题平均打分
全体	4.14	3.84
A 组	4.22	3.90
B 组	4.06	3.77

值得注意的是，第 26 题和第 27 题的测评侧重点是相反的，但是 A 组对这两题的平均打分都高于 B 组。这一现象可能说明，与 B 组相比，A 组被调查者通过在对象国的留学经历，能够更好地与其他文化的人进行交流并建立良好关系，同时对自己所属文化的认同感也有所加强。

第 28 题“你觉得上述题目中提到的‘我的文化’或‘自己的文化’是指什么”，这是一道开放式填空题。第 18 题到第 27 题都提到了“我的文化”“其他的文化”这一类的概念，但是并没有表明这里的“文化”是指什么，也没有说明“我的”“其他”“自己的”等群族划分标准。回答完之前的量表问题后，第 28 题让被调查者得以思考自己此前的答案是基于何种“文化”和文化群族而得出的。

第 28 题共收集到 378 条答案，表 7-8 由高到低列出了出现频率前 10 位的关键词，“文化”一词不统计。在前 10 位中，“中国”一词出现频率最高，并且远远超过其他关键词。如果把“中国”“中华”“国家”看作同一类词，可以发现当谈到“我的文化”这一概念时，被调查者最认同、最先想到的是自己所属国家的文化——中国文化。

表 7-7

关键词	出现次数	出现频率
中国	118	31.22%
方式	48	12.70%
中华	44	11.64%

续表

关键词	出现次数	出现频率
思维	37	9.79%
传统	31	8.20%
环境	29	7.67%
价值观	27	7.14%
国家	25	6.61%
生活习惯	24	6.35%
民族	18	4.76%

除了表中列出的10个关键词外，被调查者还提到了“社会”“生活”“三观”“历史”“思想”“语言”“教育”“背景”“地域”等词。由此可以发现，对于文化这一概念的理解是因人而异的，由于文化之间的联系不断加强，互相影响不断加深，不同文化的边界也因此变得模糊，文化不能再以国家、地区甚至民族作为区分。Ron Scollon & Suzanne Wong Scollon[①]认为文化理解与四个因素有关：意识形态、面子系统、话语形式和社会化。潘亚玲[②]总结出九个文化基本要素：价值观、思维方式、人际关系、时间观、空间观、社会规范、语言、非言语交际、感知与符号象征。在被调查者回答的关键词里，我们发现人际关系、非言语交际和感知与符号象征未被提及。

第四节 量表题目统计结果交叉分析

在这一部分中，我们将第1至8题收集到的性别、年级、留学情况等基本信息作为自变量，第9至28题收集到的答案作为因变量，以为依据分析一些具有代表性的问题。通过交叉分析，我们可以更深层次地了解跨文化能力会受到哪些因素的影响。

① SCOLLON R, SCOLLON S W. Intercultural communication: a discourse approach[M]. 2nd ed. New Jersey: Wiley-Blackwell, 2001.

② 潘亚玲.跨文化能力内涵与培养：以高校外语专业大学生为例[M].北京：对外经济贸易大学出版社，2016:33.

第 11 题“我觉得自己已经很了解去过的葡语国家和地区的文化了”是针对 A 组被调查者设计的自评量表题目。综合第 7 题和第 8 题的统计数据作为自变量,按照留学期间是否有固定班级或同学群体以及群体构成方式对第 11 题的数据进行分类,则会得到表 7-8 中的结果。

表 7-8

班级或同学群体的构成方式	样本数量	第 11 题平均打分
外国学生与该国当地学生一同上课	16	3.81
由不同国籍的外国学生组成	54	3.33
无固定班级或同学群体	19	3.26
全部或几乎全由中国留学生组成	108	3.18

我们可以发现在“全部或几乎全由中国留学生组成”的班级中学习的被调查者对该题的打分最低(3.18),在“外国学生与该国当地学生一同上课”的班级中学习的被调查者打分最高(3.81)。由此可见,班级构成与学生了解当地文化有一定关联性。

第 13 题“葡语国家和地区中有一些文化现象我无法理解”和第 14 题“我的国家或其他国家发生政治、经济、宗教等方面的事件时,我能从不同的文化角度看待”从不同角度考察了被调查者的跨文化能力。以第 2 题的统计数据(年级)作为分类依据,则会得到表 7-9 中的结果。

表 7-9

年级	样本数量	第 13 题平均打分	第 14 题平均打分
本科一年级	77	2.96	4.09
本科二年级	69	3.04	3.87
本科三年级	70	3.23	4.01
本科四年级及已本科毕业(一年以内)	63	3.24	4.06
已本科毕业(一年以上)	99	3.05	4.17

第 13 题的平均打分随着年级增长呈现上升趋势，在毕业后又有明显下降；第 14 题的结果除一年级外随着年级增长呈现上升趋势。

综合第 7 题和第 8 题的统计数据作为自变量，按照留学期间是否有固定班级或同学群体以及群体构成方式对第 13 题、第 14 题进行分析，则会得到表 7-10 中的结果。

表 7-10

班级或同学群体的构成方式	样本数量	第 13 题平均打分	第 14 题平均打分
外国学生与该国当地学生一同上课	16	2.56	4.44
由不同国籍的外国学生组成	54	3.09	4.19
无固定班级或同学群体	19	3.26	4.21
全部或几乎全由中国留学生组成	108	3.31	4.00

在外国学生与该国当地学生一同上课的班级中学习的被调查者对第 13 题的平均打分最低(2.56)，对第 14 题的平均打分最高(4.44)；在全部或几乎全由中国留学生组成的班级中学习的被调查者对第 13 题的平均打分最高(3.31)，对第 14 题的平均打分最低(4.00)。

按照“外国学生与该国当地学生一同上课”“由不同国籍的外国学生组成”“无固定班级或同学群体”“全部或几乎全由中国留学生组成”的顺序，第 13 题的打分呈现升高趋势，第 14 题的打分基本呈现降低趋势。这一结果表明，留学期间的班级或同学群体构成对于跨文化能力的培养存在影响，同时也印证了本章第二节(被调查者整体情况)末尾提出的我国葡语专业本科生在留学期间存在的问题。

第 15 题“我虽然会说当地语言，也能理解当地文化，但是在留学时会感到自己与环境格格不入”是针对 A 组被调查者设计的自评量表题目，主要考察被调查者在对象国的适应能力。按照第 1 题的统计数据(性别)对第 15 题的答案进行分类，可以得到表 7-11 的结果。

表 7-11

性别	样本数量	第 15 题平均打分
男	49	2.76
女	150	2.93

在男性被调查者中，有 44.90％选择“1”或“2”，26.53％选择“3”，28.57％选择“4”或“5”，平均打分 2.76。在女性被调查者中，有 36.00％选择“1”或“2”，34.67％选择“3”，29.33％选择“4”或“5”，平均打分 2.93。这一结果显示，在适应留学对象国的环境方面，性别差别不明显。

再以第 5 题的统计结果作为自变量，按照主要留学对象国对本题进行分类，可以得到表 7-12 中的结果(样本数量过少的国家未被列入)。

表 7-12

主要留学对象国	样本数量	第 15 题平均打分
葡萄牙	160	2.93
巴西	34	2.68

曾在葡萄牙学习的被调查者中，有 35.63％选择“1”或“2”，35％选择“3”，29.38％选择“4”或“5”，平均打分 2.93。曾在巴西学习的被调查者中，有 50％选择了“1”或“2”，23.53％选择了“3”，26.47％选择了“4”或“5”，平均得分 2.68。可以发现，在巴西留学的中国学生比在葡萄牙留学的中国学生自评更能适应当地环境。

第 16 题“我尊重来自不同文化的人的价值观念和行为举止”用于考察被调查者的跨文化能力。以第 2 题的统计数据(年级)作为分类依据，则会得到表 7-13 中的结果。可以发现随着年级增长，被调查者在尊重不同文化的价值观念和行为举止方面没有明显变化。

表 7-13

年级	样本数量	第 16 题平均打分
本科一年级	77	4.64
本科二年级	69	4.22
本科三年级	70	4.54
本科四年级及已本科毕业(一年以内)	63	4.60
已本科毕业(一年以上)	99	4.57

如果综合第 7 题和第 8 题的统计数据作为自变量,按照留学期间是否有固定班级或同学群体以及群体构成方式对第 16 题进行分析,则会得到表 7-14 中的结果。

表 7-14

班级或同学群体的构成方式	样本数量	第 16 题平均打分
外国学生与该国当地学生一同上课	16	4.94
由不同国籍的外国学生组成	54	4.57
无固定班级或同学群体	19	4.74
全部或几乎全由中国留学生组成	108	4.49

四种分组方式对本题的打分都在 4.00 以上,说明被调查者普遍能够尊重来自不同文化的人的价值观念和行为举止。值得注意的是,在“外国学生与该国当地学生一同上课”的环境中学习的被调查者打分最高;在“全部或几乎全由中国留学生组成”的班级中学习的被调查者的打分最低。

第 17 题“学习或体验葡语国家文化时,我会联想到中国文化中的相关现象”用于考察被调查者的跨文化能力。以第 2 题的统计数据(年级)作为分类依据,则会得到表 7-15 中的结果。

表 7-15

年级	样本数量	第 17 题平均打分
本科一年级	77	4.25
本科二年级	69	4.33
本科三年级	70	4.37
本科四年级及已本科毕业(一年以内)	63	4.52
已本科毕业(一年以上)	99	4.35

第 17 题的得分随着年级增长呈现上升趋势,但是在毕业后又出现下降。这一结果可能说明,在葡语学习的本科阶段,学生有意或无意地受到了跨文化、中国文化外译等方面内容的培养和熏陶。然而这一能力在毕业后却逐渐下降,分析其原因,除却因工作性质不同导致的关注点不同之外,被调查者在本科阶段受到的跨文化熏陶很可能自己并没有意识到,也没有形成习惯,于是这一能力在毕业后逐渐下降。

第 18 题“我在与来自其他文化的人交流自己的文化时,会感到害羞或紧张”,第 19 题“假如我感到害羞或紧张,那是因为……”,第 20 题“(填空,选填)除上述四点外,让你感到害羞或紧张的其他原因是什么”是一组问题,用于考察被调查者在跨文化交流实践中的交际意愿、自信程度和交流能力。以第 2 题的统计数据(性别)作为分类依据,对第 18 题、第 19 题的四个小题进行分析,可以得到表 7-16 中的结果。

表 7-16

性别	样本数量	第 18 题平均打分	第 19 题平均打分			
			担心自己的语言水平不足	担心自己会不合群	担心其他国家和地区的文化比自己国家和地区的文化要优秀	担心自己国家和地区的文化被嘲笑或误解
男	86	2.76	3.72	2.85	1.66	1.93
女	292	3.07	3.92	2.82	1.54	1.82

可以发现,与来自其他文化的人交流自己的文化现象时,性别差异不明

显。相对来说,女性被调查者更加容易感到害羞或紧张一些。第 19 题的分析结果显示,男性被调查者对自己的语言水平更自信一些。

如果综合第 7 题和第 8 题的统计数据作为自变量,按照留学期间是否有固定班级或同学群体以及群体构成方式对第 18 题进行分析,则会得到表 7-17 中的结果。

表 7-17

班级或同学群体的构成方式	样本数量	第 18 题平均打分
外国学生与该国当地学生一同上课	16	2.25
由不同国籍的外国学生组成	54	2.54
无固定班级或同学群体	19	2.47
全部或几乎全由中国留学生组成	108	3.19

四组被调查者对于第 18 题的平均打分差别比较明显,曾在“全部或几乎全由中国留学生组成”的班级中学习的被调查者打分最高(3.19),意味着与来自其他文化的人交流自己的文化现象时,该组最容易感到害羞或紧张;曾在“外国学生与该国当地学生一同上课”的班级中学习的被调查者打分最低(2.25),意味着该组最不容易感到紧张。

第 21 题“我愿意和来自不同文化的人交流”也用于考察参与者的跨文化交际意愿。无论按照何种分类方式,本题的平均打分都在 4.00 以上,说明被调查者普遍愿意和来自不同文化的人进行交流。如果按照第 1 题的统计数据(性别)对本题的打分进行分类,可以得到表 7-18 的结果。我们发现,在是否愿意和来自不同文化的人交流的问题上,性别差异不明显。相对来说,女性被调查者的跨文化交际意愿略高。

表 7-18

性别	样本数量	第 21 题平均打分
男	86	4.40
女	292	4.46

如果综合第 7 题和第 8 题的统计数据作为自变量,按照留学期间是否有固定班级或同学群体以及群体构成方式对第 21 题进行分析,则会得到表 7-19 中的结果。

表 7-19

班级或同学群体的构成方式	样本数量	第 21 题平均打分
外国学生与该国当地学生一同上课	16	4.94
由不同国籍的外国学生组成	54	4.56
无固定班级或同学群体	19	4.79
全部或几乎全由中国留学生组成	108	4.27

在"外国学生与该国当地学生一同上课"的环境中学习的被调查者打分最高;在"全部或几乎全由中国留学生组成"的班级中学习的被调查者的打分最低。值得注意的是,按照这种分类方式进行分析,第 21 题的分析结果和第 16 题的分析结果几乎吻合(见本节第 16 题相关分析表格)。这一现象可以说明,"是否尊重不同的文化"与"跨文化交际的意愿"是相关联的。由此我们认为,在进行葡语教学时,如果能够培养学生尊重不同文化的意识,对于增强学生的跨文化交际意愿可能会产生积极的影响。

第 22 题"与来自某个不同国家的人互动时,我通常会试着适应对方的一些方式"和第 23 题"和来自其他文化的人互动的时候,我能体察到对方的微妙意思"主要用于考察被调查者在跨文化交际中的交际策略。以第 2 题的统计数据(年级)作为依据对第 22 题和第 23 题进行分析,会得到表 7-20 中的结果。

表 7-20

年级	样本数量	第 22 题平均打分	第 23 题平均打分
本科一年级	77	4.18	3.55
本科二年级	69	4.17	3.58
本科三年级	70	4.17	3.60
本科四年级及已本科毕业(一年以内)	63	4.37	3.71
已本科毕业(一年以上)	99	4.30	3.62

按照这样的分类方式，第22题和第23题的平均打分随年级的变化存在一个共性：本科前三年的分数基本没有变化，到本科四年级及毕业一年以内时平均打分达到最高，本科毕业一年以上之后又有所下降。这可能是因为经过前三年的葡语学习和训练，被调查者的葡语水平在毕业前后达到较高水平，且经常在实习、工作等场合使用葡语进行交际，跨文化能力相应地加强了。

第24题“大多数其他文化与我的文化相比是落后的”用于考察被调查者对“文化”的理解。如果按照第1题的统计数据（性别）对第24题的答案进行分类，可以得到表7-21的结果。

表 7-21

性别	样本数量	第 24 题平均打分
男	86	2.02
女	292	1.83

男性被调查者中，有69.77%选择“1”或“2”，16.28%选择“3”，13.95%选择“4”或“5”，平均打分2.02。女性被调查者中，有73.63%选择“1”或“2”，19.86%选择“3”，6.50%选择“4”或“5”，平均打分1.83。这一结果可以从一定程度上表明，与男性被调查者相比，女性被调查者更具有文化平等的思想。

如果综合第7题和第8题的统计数据作为自变量，按照留学期间是否有固定班级或同学群体以及群体构成方式对第24题进行分析，则会得到表7-22中的结果。

表 7-22

班级或同学群体的构成方式	样本数量	第 24 题平均打分
外国学生与该国当地学生一同上课	16	1.44
由不同国籍的外国学生组成	54	1.94
无固定班级或同学群体	19	1.68
全部或几乎全由中国留学生组成	108	1.93

可以发现，四组被调查者的平均打分都在2.00以下，说明被调查者普遍具有文化平等的思想。在“由不同国籍的外国学生组成”的班级和“全部或几乎全由中国留学生组成”的班级学习的被调查者的平均打分相对较高。

第25题“我感到来自其他文化的人可以给我积极的影响”，如果以第5题的统计结果作为自变量，按照主要留学对象国对本题进行分类，可以得到表7-23中的结果。两组的平均打分相差不明显，相对而言，曾在巴西留学的被调查者更赞同第25题的阐述。

表7-23

主要留学对象国	样本数量	第25题平均打分
葡萄牙	160	4.08
巴西	34	4.15

综合第7题和第8题的统计数据作为自变量，按照留学期间是否有固定班级或同学群体以及群体构成方式对第25题的结果进行分类，则会得到表7-24中的结果。

表7-24

班级或同学群体的构成方式	样本数量	第25题平均打分
外国学生与该国当地学生一同上课	16	4.00
由不同国籍的外国学生组成	54	4.20
无固定班级或同学群体	19	4.32
全部或几乎全由中国留学生组成	108	4.01

我们可以发现，属于“无固定班级或同学群体”分组的被调查者打分最高(4.32)，在“全部或几乎全由中国留学生组成”的班级和“外国学生与该国当地学生一同上课”的班级中学习的被调查者打分最低(4.01和4.00)。这可能是因为“无固定班级或同学群体”的被调查者能够更多地接触到不同文化背景的人，这既包括来自本国文化的人、来自对象国文化的人，也包括来自其他文化的人。通过多元的交流，这一组被调查者更能体会到其他文化

带来的积极影响。打分最低的两组被调查者大多只能接触到一种文化（本国文化和对象国文化），同学群体构成比较固定。

第26题“我与跟自己关系好的人在一起时感到更亲近，不管他们是否属于我自己的文化”和第27题“我通常与来自我自己文化的人在一起时感到更亲近，因为我能与他们很好地建立联系”是一组问题，用于考察被调查者对文化群体的划分理解。如果以第5题的统计结果作为自变量，按照主要留学对象国对本题进行分类，可以得到表7-25中的结果（样本数量过少的国家未被列入）。

表7-25

对象国	样本数量	第26题平均打分	第27题平均打分
葡萄牙	160	4.16	3.95
巴西	34	4.47	3.68

两组被调查者对这两题的平均打分都比较高，说明被调查者能够较好地区分不同的文化群体。正如上一节所述，第26题和第27题在含义上是相反的，在此处的统计结果中，与曾在巴西学习的被调查者相比，曾在葡萄牙学习的被调查者对第26题打分较低、对第27题打分较高。这一现象可能说明曾在巴西学习的被调查者与来自其他文化的人交流更多、建立的联系更加紧密；而曾在葡萄牙学习的被调查者，可能由于本国留学生数目太多、分班方式、课程设置等原因，与来自其他文化的人进行的交流相对较少。当然这一结果存在一定的漏洞，因为此处曾在葡萄牙学习的一组有160人，曾在巴西学习的一组只有34人，两组样本数量差别过大，可能会导致一定的误差。

第五节 本章小结

通过本章对葡语专业学生跨文化能力自评问卷调查结果的分析，我们总结出以下几个有关葡语专业学生对文化认识和跨文化能力自评的特点。

在跨文化交际敏感性和交际策略方面，调查结果显示参与者自评有较强的交际敏感性和交际策略。大部分被调查者表示在与来自不同国家和地区的人互动时会试着适应对方的一些方式，能够体察到对方的微妙意思。在跨文化交际意愿、自信程度和交流能力方面，调查结果显示通过在对象国的学习生活，葡语专业的学生在与其他文化的人交流自己的文化现象时，紧张感有所降低。绝大多数被调查者是因为担心自己的语言水平不足而对交流有所抗拒，也有相当一部分人是出于担心自己不合群而对交流感到焦虑，但是担心自己的文化被嘲笑或误解、担心其他文化比自己的文化要优秀的被调查者数量并不多。这一结果可以说明，参与者具有本民族的文化自信，或认为文化不具有可比性。在交际意愿方面，有 89.16％的参与者表示愿意和来自不同文化的人交流。

在文化适应性方面，总体上讲，我国葡语专业的留学生自评其在对象国学习生活时的适应能力较强。在文化比较与平等意识方面，大部分被调查者自评能够尊重多元文化，具有基本的文化包容和平等观念。参与者对于“能够在学习葡语文化的同时反思自己的文化”这一方面的自评也较高。

大部分被调查者有在葡语国家和地区留学或生活的经历。在有相对固定的班级或同学的 180 名被调查者中，108 人表示自己留学时所在的班级或同学群体全部或几乎全由中国留学生组成，占比 54.27％；54 人表示自己的班级或同学群体由不同国籍的外国人组成，占比 27.14％；17 人表示在自己留学期间，课堂是由外国学生与该国当地学生共同组成的，占比约 8.54％。这一结果暴露出我国葡语专业本科生留学期间存在的问题。显而易见，全方位地接触葡语国家文化、沉浸式的语言学习和生活体验是出国交换学习的主要目的之一，然而大多数葡语专业学生虽然人在国外，其所在班级却几乎全部由中国留学生组成，这在一定程度上影响了学生接触多元文化的体验。留学经历对学生的跨文化能力提高有显著助益，除了更加了解当地文化和适应不同环境的生活以外，有留学经历的同学在第 26 题“我与跟自己关系好的人在一起时感到亲近，不管他们是否属于我自己的文化”和第 27 题“我通常与来自我自己文化的人在一起时感到更亲近，因为我能与他们很好地建立联系”中分数均高于没有留学经历的同学。这一点可能表明，通过在对象国的留学经历，被调查者能够更好地与其他文化的人进行交流并建立良好关系，同时对自己所属文化的认同感也有所加强。

当提到“我的文化”或“自己的文化”指什么时，被调查者最认同、最先想到的是自己国家的文化——中国文化。此外，“方式”“思维”“传统”“价值观”“生活习惯”也是在该题统计答案中出现频率较高的关键词。可见被调查学生对于文化的集体性有较强理解，对文化生活习惯等方面的浅层属性、对价值观和思维方式方面的深层属性也有深入理解。然而，诸如人际关系、非言语交际、感知与符号象征等较为抽象的要素，被调查学生则未有提及。

总体而言，本次交叉分析显示的数据结果中，性别差异不明显，不同的留学目的地——巴西和葡萄牙，其留学生的对比差异也不明显。当然，这两方面的样本数量差别较大：女性参与者明显多于男性，留学对象国为葡萄牙的被调查者也明显多于巴西，因此结果可能存在一定误差。在交际敏感性方面，本科前三年的数据变化很小，到本科四年级及毕业一年内达到最高，本科毕业一年以上之后又有所下降。这可能是因为经过前三年的葡语学习和训练，且大部分院校的学生又在三年级时前往对象国交流，因此被调查者的葡语水平在毕业前后达到了较高水平；同时，高年级学生会经常在实习、工作等场合使用葡语进行交际，跨文化能力也相应地加强了。但毕业一年后，学生的交际敏感性又有所下降，这个原因值得深入思考，可能与葡语专业毕业生工作的性质和工作地点有较大关联，值得在以后进行研究讨论。

本次调查有一定局限性。虽然有效样本的收集达到了一定数量，且所涉及的院校、地区具有很强的多样性，但是，样本在性别、留学目的地信息的采集上数量差异较大，导致交叉分析时可能出现误差；由于问卷调查的局限性，针对调查过程中出现的一些现象特点，并未探究原因；本次调查的目的是我国葡语专业学生的跨文化能力自评，因个体判断差异，也可能导致分析偏误。

第八章 中国葡萄牙语教学在跨文化能力培养方面的现状与前景

第一节 现存问题

近年来,我国葡语教学发展迅速,国内已有50余所高校开设了葡语课程。然而,总体上讲,高校葡语教学的师资力量与发展速度并不匹配。除了几所传统外语高校之外,其他院校的葡语教师普遍是2000年之后才开始学习葡萄牙语的青年教师,并且普遍没有受过师范教育,在教学方法上,他们缺乏系统训练;在学术研究上,他们处于起步阶段。

在课程建设方面,国内几乎所有院校都开展了“3+1”或“2+2”等形式的对外合作项目,葡语专业学生有机会到对象国/地区进行交流。课程建设偏重语法、口语、视听、写作、阅读、翻译等语言基础课。整体上讲,与文化相关的课程偏少,特色课程和实践课程有待加强。

各校的教学评价体系不甚相同,但总体上来说,均为全校统一的评价模式,体系单一,缺乏语言类专业的特色,尤其是综合类院校,学科类型多,班级差异大,单一的评价体系无法对课程和教学进行准确考核。此外,除了个别院校将课程评价与教师评价进行明确区分之外,大部分院校采用的课程与教师一体化的评价体系,这也会在评教过程中造成误导。

随着葡语教学的迅速发展,国内的葡语教材越来越丰富,不仅有各高校教师精心编写的针对中国学生的教材,也有出版社从国外引进的原版葡语经典教材。然而,目前我国葡语教材仍以基础教材和综合类教材居多,针对国情、政治、文学、文化内容的教材比较缺乏。

在针对学生的跨文化能力培养方面，教师们普遍有较强的认同感，重视在课程中进行文化导入。大部分教师有对象国/地区的留学经历，对葡语国家和地区的文化比较了解，对文化的相关诠释有较深刻理解。然而在实际的教学过程中，因缺乏合适的教材，教师在课堂上较难做到文化导入的系统性和全面性，针对某一文化现象与本民族文化进行对比讨论和反思的课堂设计较少，所以对于培养学生融合不同文化、综合技能方法构建跨文化能力和利用跨文化能力进行国际活动的培养目标形成阻碍。

第二节　发展前景

随着经济的全球化和国家"一带一路"倡议建设的展开，中国的葡语教学迎来了全面发展的良好势头。葡语国家和地区积极参与"一带一路"倡议，中国与葡语国家合作密切，澳门特别行政区的平台作用越发明显。与此同时，葡语国家和地区分布广泛，历史、人文、经济、政治、宗教、传统等差异较大，因此，加强针对对象国/地区的研究与教学、培养学生的跨文化能力是当前葡语教学的重点之一。

本研究显示，我国葡语教师普遍具有对象国/地区的留学和生活经历，对葡语国家和地区比较了解，也具有包容的文化观，对文化内涵有深入理解。我国葡语专业学生跨文化能力自评结果显示，大部分同学比较了解对象国/地区的社会和人文情况，但缺乏深层次的文化接触，部分同学的文化对比和反思意识不强，跨文化交际意愿不明显。针对这些方面，高校应当加强培养学生的跨文化交际意识和策略，补足以上短板。

在院校层面，高校应当完善教学评价体系，突出外语类课程的特点，侧重有关跨文化能力培养的教学评价，以评促教。在课程设置上，目前很多院校正不断进行改革，不仅越来越重视国情文化类课程，而且开始结合本校学科特色，如国际政治、文学、传媒、经贸等，培养"葡语+"复合型人才。此外，院校间合作将继续加强，多形式的国内外高校交流项目、合作办学、实践课程、教师培训等不断展开。除了校际合作外，校企合作也不断加强，产学研一体化，精准育人将成为新的葡语人才培养趋势。

葡语课堂也将迎来新的改革。未来的葡语课堂将会把思政融入基础课程，开展线上线下结合的模式，推动文化导入，重视中国文化引入和反思，以此引导学生认同社会主义核心价值观和中华民族文化观，培养学生用葡语讲好中国故事的能力。

2021 年 1 月，“全国西葡语教师发展中心”成立，全国葡语教师合作不断加强，具有丰富经验的葡语教育界前辈将带领全国各高校的年轻教师一同进步。目前国内的葡语教师大部分是青年教师，虽然教学任务繁重，但这并不影响他们进行积极思考和科学研究，目前国内外已有与中国葡语教学相关的论文数十篇。有的青年教师继续深造，选择诸如国际政治、经贸、社会学、传播学、艺术学、历史学等学科领域继续深造；有的青年教师已经主持了省部级以上的科研项目；还有许多教师参与编写葡语教材、主持教改项目。这些有能力、有活力、有理想的青年教师，将在葡语教育界前辈的带领下，给中国的葡语教学带来源源不断的发展动力。

第三节　研究的局限性与展望

本研究侧重于对“一带一路”倡议下中国葡语教学在跨文化能力培养方面的单一维度研究，因此，并没有对中国葡语教学的现状和前景进行全面分析。在数据搜集过程中，本研究着重探讨了“一带一路”对葡语国家/地区的影响、课程设置与教评体系、教材建设、教师访谈、学生自评问卷，但对人才培养模式、生源情况、毕业生就业情况、教师学缘情况与学术背景、跨文化能力发展追踪等方面涉及甚少，这些也是葡语教学当中重要的研究方向，值得日后进行详细探讨。

在针对调查问卷的分析中，虽然收集了一定数量的有效样本，所涉及的院校、地区具有很强的多样性，但是，样本在性别、留学目的地信息的采集上数量差异较大，导致交叉分析时可能出现误区；由于问卷调查的局限性，针对调查过程中出现的一些现象特点，并未探究其原因；本次调查的目的是我国葡语专业学生的跨文化能力自评，因个体判断差异，也可能导致分析偏误。

在教师访谈中，样本只采集了具有代表性的青年教师，并未对更有经验的葡语教育界前辈和具有较高职称的教师进行访谈，因此调查结果并不能代表全体教师的总体情况，并且由于访谈的及时性和话题难度，受访教师可能并没有在访谈中完整表达出自己的想法，此外，受访教师的访谈内容仅代表其个人观点，由此总结出的特点和问题可能不具有普遍性，这一问题将在以后的研究中继续深入探讨。

“一带一路”倡议为中国葡语教学带来的机遇与挑战是多方面的，跨文化能力培养只是其中一个方面。我们将继续思考如何培养符合国家发展需要、具有时代特征、具有民族自信和世界胸怀的葡语人才。

附　　录

附录一：对高校葡萄牙语教师代表的采访

受访者 A

问：你的年龄是多少岁？

A：年龄是 27 岁。

问：你的最高学历是？

A：硕士。

问：你有在葡萄牙、巴西或者其他葡语国家或地区学习或者工作的经历吗？

A：有的，在葡萄牙累计待了 4 年左右。

问：是在什么阶段呢？

A：1 年是在大三的交换时期，还有 3 年是硕士阶段和工作阶段。

问：硕士期间有工作经历吗？

A：有。

问：有其他葡语国家或地区的生活经历吗？

A：没有。

问：你在高校教授葡萄牙语的时间多长了？

A：一年左右。

问：是不超过一年还是一年到一年以上？

A：不超过一年。

问:你对葡萄牙这个国家的印象怎么样呢?

A:我觉得葡萄牙是一个很安逸的国家。因为地处欧洲,所以有一些欧洲国家共有的特点。比如说它很有历史积淀和文化积淀,葡萄牙人也非常懂礼貌,喜欢诗歌、文学、音乐,人也非常热情友善。对中国人很友好,性格较为平和。

问:在跨文化能力培养这方面,你所在的学校有哪些措施呢?比如说有没有和境外的学校开展合作项目或者是课程方面,在课堂内外有哪些具体措施?

A:有的。比如我们在大一升大二的暑假会安排学生去澳门进行暑期班学习,了解澳门当地包括葡萄牙人的一些文化还有风土人情。那里的巴西和葡萄牙外教会轮流教授葡语。此外还会安排一些文化活动,学生可以参观当地的博物馆和俱乐部、品尝当地美食。学校在第三年一般也会安排学生去巴西交换,为期一年。除此之外我们还会经常举办讲座,安排学生与留学生一起互动。因为学校在北京,学生们也经常可以参加其他的跨文化国际交流活动和实习。

问:你们有专门的文化类课程吗?

A:有的。大二专业课里设有葡萄牙语国家与文化这个课程。这门课的主要内容是在课上介绍葡语国家的风土人情。除此之外,学院还设有欧洲国家文化、南亚国家文化等一系列文化类课程。

问:文化类课程的授课形式是什么样的呢?

A:授课形式比较灵活多样。比如说会安排学生两人一组做课堂展示,或者每一期根据文化读本来选主题,包括音乐、文学、体育、社会这些主题。同学们也可以介绍自己感兴趣的葡语国家,比如葡萄牙、巴西或者其他葡语国家,针对这些国家的某一方面进行深入的探讨。除此之外,老师也会推荐一些相关书目或者结合自己的经历进行教学。这门课是中教和外教联合授课的,外教也会根据自己的积累进行讲授。

问:这门课涉及的是葡萄牙的文化吗?还有其他葡语国家的文化吗?

A:对。是葡萄牙语国家的文化。

问:它们各自所占课堂内容的比重大概是多少?

A:主要是葡萄牙和巴西,因为我们学校现在推行巴葡外教同时教授的模式。我们有巴西外教,而且考虑到学生大三要去巴西交流,所以关于巴西的介绍也比较多。非洲葡语国家确实涉及的会少一些。

问:在课堂上会涉及和中国文化的对比与讨论吗?

A:会涉及。有的时候我会鼓励学生进行一些横向比较,比如说在音乐、建筑等文化主题上,同时对葡萄牙、巴西与中国进行比较,再比如说在历史方面,也会进行一个同期的比较。

问:你认为具有跨文化能力的学生应该具有哪些特点?

A:我觉得他们应该具有包容和开放的心态,能够去接受和尊重不同国家的人、习俗、信仰和价值观,同时自己也能有一定程度的反思。因为我之前一直在国内接受比较传统的中式教育,出国之后看到与此前受到的教育截然不同的新文化,所以我希望学生能有自我思考的能力,能够学会找到一种新的身份认同,学习用一种比较开放和包容的心态来对待文化差异。

问:你本人对文化这个概念怎么理解呢?

A:我觉得可以从好多个方面来理解文化这个概念。它可以是一个国家、一个民族,或者是一个地区的人民代代传承积累下来的一种知识、价值观、传统和习俗,也可以是饮食、音乐等物质或者非物质的积累。

问:我们说跨文化能力培养是一个长期的过程,你觉得它包括哪些方面和阶段呢?

A:我觉得语言是文化的一部分,学习语言也是了解一个国家文化的切入口。我会在授课过程中介绍一些有关该国家的风俗文化,鼓励学生看一些相关的书籍、纪录片和电影、电视剧,平时也鼓励他们多和当地人交流,出国之后要多多参与并且融入当地生活。

问:你认为现在中国的葡语教学总体来说还有哪些值得改进的地方?

A:我个人觉得,小语种专业普遍缺乏核心竞争力,因为外语教学中着重于语言学习,缺少对对象国社会文化的观察和思考,导致学生把语言当成一门技术,没有学到语言背后更深层次的精神,只有葡语表达能力,缺乏葡式思维。

受访者 C

问：你的年龄是？

C：我今年 31 岁。

问：你的最高学历是？

C：硕士。

问：你在高校教授葡语的时间有几年？

C：8 年。

问：你有没有在境外留学或者工作的经历呢？

C：有学习经历。

问：学习经历是在本科阶段还是研究生阶段呢？

C：在硕士研究生阶段。

问：是在哪个国家呢？多长时间？

C：在巴西，不到 1 年半。

问：那你对巴西这个国家的印象怎么样呢？

C：我觉得巴西这个国家的民众特别热情奔放，但是社会秩序感不强，经常发生罢工事件。

问：下面的问题针对学生跨文化能力培养方面展开。针对学生的跨文化能力培养，你所工作的学校有哪些具体的措施？比如说和境外的学校合作，以及在课程设置或者在课堂活动方面有哪些设计，等等。

C：在跨文化能力培养方面，我们和葡萄牙、巴西的高校有合作，学生可以前往交换 1 年，现在也有本科语言衔接项目。学校内部的话，会举办外语晚会和文化周等活动，让学生能够了解对象国的文化。学校还支持学生参加一些相关活动，比如说大使馆的文化活动，也邀请过中巴书友会主办方来学校，在全校范围内对葡语感兴趣的学生，做了一次文化宣传活动，介绍巴西的电影、书籍等。

问：你们有专门的文化类课程吗？

C：我们每门课都会引入与文化相关的内容。专门的文化类课程也有，我们叫葡语国家概况，课程里会涵盖到文化的一部分。

问：据你所知，这门课有固定教材吗？

C:没有固定教材,一般是任课老师自编。

问:这门课程涉及的国家是所有葡语国家还是偏重某些葡语国家呢?

C:会有偏重。对葡萄牙和巴西的介绍多一些。把非洲国家都放在一起说。

问:在课堂上会涉及对中国文化的反思以及和中国文化的对比讨论吗?

C:这取决于老师本身,大纲本身并没有规定。

问:在其他的教学过程中,文化内容的融入主要以什么样的形式呢?

C:比如说观看对象国的电影、视频。还有老师给学生一个文化主题,让学生自己去做调研,再通过纸质或者课堂上的口头陈述呈现出来。

问:你觉得具备跨文化能力的人或是学生有什么特点呢?

C:我觉得在上外教课的时候,当课堂上出现关于葡语国家的内容,或者外教用到一些比较地道的表达时,具备跨文化能力的学生反应会更灵敏一些。相反,对葡语国家文化不太了解的学生可能理解起来会更困难一些。对学生而言,当他们踏入工作岗位后,具备跨文化能力的学生能更好地适应对象国的社会,他们的语言水平及对当地文化的了解程度都高于其他学生;对老师而言,如果他涉猎过有关跨文化能力培养的相关知识,那么他授课的时候可能就会给学生引入很多对比案例,比如将中国文化和葡语国家文化作对比,将不同葡语国家间的文化作对比,让学生在不同的文化碰撞中收获知识。

问:你觉得跨文化能力培养有哪些重要的方面和阶段?

C:对老师而言,首先,要有一定的国际背景,而且最好比较丰富。比如只在巴西待过的老师在授课时会提到巴西更多,因为缺乏对其他国家和地区的认识。因此,老师去的地方越多,阅历越丰富越好。其次,学校会借助一些平台辅助学生的跨文化能力培养,比如鼓励学生参与一些跨文化活动,像中巴书友会、巴西电影节等。最后,还有教学课程方面,比如学校组织选购、编写的一些专门的教材、课程,我认为也能起到培养跨文化能力的作用。

问:那你个人怎么理解文化这个概念的呢?

C:首先,我觉得文化是语言的基础,两者不能分开研究。如果只学语言不学文化,其结果是将会面临某种断层。文化本身包含着很多东西,语言也是文化的一个分支，还有影视、艺术、音乐、人与人的相处方式、习俗、宗教等这个国家的方方面面也包含在文化当中。

问：你觉得现在中国的葡语教学从总体上来说还有哪些欠缺的地方吗？

C：第一我觉得是老师整体上比较年轻，教学经验不够，很多学校的教师班底是断层的，没有老教师来带新教师。年轻老师独自摸索的话就会走很多弯路。再者，年轻老师的成长也是个问题，因为教学任务比较重，自我提升的时间也比较有限。此外，尽管现在国内有四十多所高校都开设有葡语课程，但是我认为开设历史悠久的学校并没有充分发挥自己的带动作用。我认为一些优秀的平台资源是可以共享的，比如说教材，每个学校都会有自己选择教材的标准，但是很多时候也和授课老师的主观因素有关。比较负责的学校可能会去北外、上外这些老牌学校调研学习的相关教材。但不那么负责、闭塞一些的学校的老师可能更多的是按照自己的想法，沿用自己学生时期的教材继续给学生用。所以我觉得如果有相关的葡语教学组织，能规范教材、师资、培养方案和学科发展，制定相关的教学标准，就能给后起的学校提供一些参考，更快地发展。

受访者 F

问：请说一下你的年龄。

F：32 岁。

问：你的最高学历是？

F：博士。

问：你在高校教授葡萄牙语的时间是多久？

F：6 年。

问：你有在境外工作或留学的经历吗？

F：有在境外的留学经历。

问：具体是什么时间呢？

F：2009 年到 2011 年读的硕士，2011 年到 2015 年读的博士。

问：在哪个国家呢？

F：在葡萄牙。

问：累计在葡萄牙生活了多长时间？

F：4 年。

问：你对葡萄牙这个国家印象怎么样？

F：这个国家整体的生活节奏比较慢，人们的生活态度比较悠闲，对生活质量要求不是特别高。

问：你认为在跨文化能力培养方面，你所在的学校有哪些具体措施？比如说有没有境外的合作项目，比如在课程设置方面有没有专门的设计，或者说有没有参与或举办各类文化活动，有没有在课堂上使用相关文化教学材料，等等。

F：有。我们学校尤其是我们学院外语课程比较多，所以我有很多外国同事，除了葡萄牙和巴西籍老师之外，西语专业还有来自墨西哥、西班牙和其他国家的老师，我平时接触的同事面还是比较广的。此外，在外语课上多多少少也会用到国外的原版教材，如从对象国的报纸、杂志上选取的文章及一些文学作品。课程中如视听说这门课也会选取对象国的音频或视频辅助学生学习。所以，我们工作环境的国际化程度还是比较高的，可以说是处在一种跨文化的氛围中。

问：你上面说的是就老师而言的，老师身处跨文化的工作环境。对于学生的跨文化能力培养来说，除了教学材料的补充外，还有其他措施吗？

F：我们和境外的大学合作，建议学生在大三时交换一个学期或者参加暑期课，去亲自体验一下生活。而且，澳门相关的跨文化组织也比较多，比如葡萄牙人之家，他们经常组织活动，学校和老师会建议学生去看，和澳门当地的葡萄牙人进行交流。

问：你觉得具备跨文化能力的人或者学生应该具备什么样的特点呢？

F：第一是眼界更加开阔，具备跨文化能力的学生对世界的认知能力肯定比鲜少与外界接触的学生要强；第二是他们的自立能力，尤其是组织能力和生活能力可能会比其他学生相对要强一些；第三，他们的语言能力也会相对强一些。

问：你们学校会有像葡语国家概况或者是葡语国家文化这样的课程吗？

F：有。在大三第二学期，我们设置了一门葡语国家历史及文化概况的课程。

问:这门课有固定的教材吗?

F:目前没有。这门课一般是由外教上的。他们会自己定主题进行授课。

问:据你所知,这门课在课堂上涉及的有关葡语国家的内容会有一个比例吗?是以某些国家为主还是各国各地区都会较平均地讲授到?

F:基本上以葡萄牙和巴西两国为主,其他非洲、亚洲葡语国家和地区占的比例不高,仅让学生做了解性认知即可,没有很深入。

问:据你了解,这门课有涉及对中国文化的反思或者对比之类的内容吗?

F:有些老师在讲课时会加入与澳门相关的文化主题,澳门作为中葡文化交流的平台,肯定会涉及中西文化交流碰撞的内容,同时也会引出一些有利于启发学生反思的问题。

问:这门课的授课形式是什么样的?是以书面材料讲解为主还是以视听材料为主,还是以学生讨论为主?抑或有别的形式?

F:比较综合。大概是老师会准备一些文字材料发给学生,一部分上课时间老师会配合内容进行讲解,还有一部分上课时间则会为了培养学生的探索能力,给学生定文化主题,让他们根据自己的兴趣围绕主题准备课堂展示。在课堂上也会使用视听材料进行辅助,比如说指导学生观看葡语国家的视频,对葡语国家的简史或者特定的历史事件进行介绍。

问:除了文化类课程之外,在其他的课程中会涉及文化方面的课题吗?比如说在翻译课上会涉及中国文化外译这个主题吗?

F:肯定是会涉及的。翻译课里会讲到文化因素对翻译的影响,比如说何时进行直译、转译或意译,以及可译性与不可译性这一课题。老师也会针对具体内容介绍来源,有时也会让学生自己去探索,思考为何要直译或者意译,这些和文化都是分不开的。

问:你本人是怎么理解文化这个概念的呢?

F:以我的理解,文化是一个国家最精华的部分或者说是象征。如果要对一个国家进行定义,基本上就是看它的文化。比如一说到葡萄牙、西班牙等南欧国家就会觉得民众很热情，其实这也反映了一个国家的文化。因为葡萄牙之前经历过大航海时代，葡萄牙人喜欢发现世界，所以他们都比较热情，愿意和外国人交流。这说明了我们对一个国家及其人民的定义其实是离不开文化的。

问：你觉得跨文化能力培养都包括了哪些阶段或者说包括了哪些重要的方面？

F：对学生的跨文化能力培养肯定是一个循序渐进的过程。首先，我们的课程还是以中文授课为主，学生需要对葡语国家的整体文化有一个大致的了解，把需要死记硬背的东西先记住。然后从大二大三开始，在阅读课或者文学、历史课上，这些大一积累的知识才能慢慢消化、吸收，这时学生自然会开启探索其内涵的旅程。因此在大一阶段，学生只需要了解葡语国家文化而不需要深入，到大二大三之后则会逐步根据已知去进行有目的、有意识的探究，我觉得这才是跨文化能力逐步培养的过程。

问：你刚才提到的"深入"指的是什么呢？

F：比如说，在大一的一些课上会提到葡萄牙历史，葡萄牙在哪一年开启了大航海时代，这时候需要记住这件事情。到了大三，我们就会深入地探讨大航海的目的和动机，加深理解。语言学习也是如此，在大一的时候，我们会根据课本内容教学生一些最基本的用法，比如"你好""再见"怎么说，都是很正式书面化的。但是从大二大三开始，我们会逐渐地和学生说，某个词这么用是葡萄牙的标准用法，但是在巴西会怎么说，在非洲会怎么说。我们会结合教学让大家对文化有个更深层次的理解。

问：你觉得当前中国的葡语教学在哪些方面还存在着欠缺？应该如何改进呢？

F：还是挺多的。比如说第一点，老师普遍学历不够或者留学经历不够。如果老师自己对对象国文化的理解不够，那么学生也很难深入去理解。不过，随着目前各高校招聘时对这方面的要求越来越高，这一问题已经有所好转。第二，受国内应试教育的影响，早期的葡语教学还是更注重对学生读写能力的培养，而忽略了对听说能力的训练，不过这些年也在慢慢改善中，老师在授课时也逐渐开始注重对学生听说能力的培养。还有个问题就是葡语教材太少，让人高兴的是这几年很多教材陆续问世了。总体而言，我觉得前些年一直在探讨的葡语教学中的问题，在这些年里已经被逐渐地改进了。

问：那你觉得还存在什么问题吗？

F：像西语、法语，包括更小一点的语种瑞典语等，在国内都有专四专八的考试，但是目前葡语还没有这种全国统一性的考试，我觉得这还是有一定影响的，因为一些用人单位比较注重这一点。目前，我们的学生只能考葡萄牙、巴西举办的等级考试，这些考试不仅报名费比较贵，而且由于是国外的考试，国内很多地方对这些考试的认知度还不是很高。且这些国际性的考试并不是专门针对中国学生的，所以有些地方有所欠缺，比如说在英语专四专八的考试里会有翻译题，而葡萄牙或者巴西举办的考试里就没有。但其实翻译是一种特别能检验学生语言水平的题型，所以没有翻译题的考试并不能完全检测出学生的语言掌握能力。

受访者 H

问：你的年龄是？

H：29。

问：你的最高学历是？

H：硕士研究生。

问：你在高校教授葡萄牙语的时间有几年呢？

H：3—4 年。

问：你有在境外留学或工作的经历吗？

H：有留学的经历。

问：具体是什么时间？在什么地方呢？

H：研究生的时候在澳门。

问：在澳门生活了多久呢？

H：两年半。

问：那你对澳门这个地方印象怎么样？

H：很小，赌场很多，气候很潮湿。虽然满大街都是葡语的标识，但是生活里并没有什么人在用。

问:你对澳门人的印象是什么?

H:没什么特别的印象,觉得除了讲粤语之外,和内地差不多。

问:你认为在跨文化能力培养方面,你所在的学校有哪些具体的措施?比如说有没有境外的合作项目,比如在课程设置方面有没有专门的设计,或者说有没有参与或举办各类文化活动,有没有在课堂上使用相关文化教学材料,等等。

H:对外交流方面,学生在大三的时候会出国,跟米尼奥大学和科因布拉大学有实质性的交流。学科设置方面,我们开设了葡萄牙文化导论、巴西文学,以及由巴西外教授课的葡语国家国情等文化类课程,课程中主要介绍的是巴西国情。此外,我们学校和科因布拉大学合建了孔子学院,虽然目前尚未开展什么具体的活动,但是我觉得这是学校在跨文化交际上所做的举措之一。

问:在文化类课程上,你刚刚说到葡语国家国情这门课是由巴西外教授课的,课程主要介绍的是巴西国情,我们想知道另外一门葡萄牙文化导论课是侧重某个国家的文化还是葡语国家文化都会涉及?

H:基本上所有葡语国家和地区都会涉及,但仅为比较浅显的介绍,比如介绍这些国家的人口数量、舞蹈、歌曲等文化特色。

问:课堂设计是以介绍某个具体的元素为主吗?

H:每节课内容不一样。比如这节课是介绍安哥拉的,外教就会介绍当地除了葡语之外的语言,下节课可能就会介绍具有安哥拉民族特色的舞蹈,再下节课外教可能会按照类似的方式介绍巴西。

问:有具体的教材吗?

H:没有。都是外教自选的。

问:是葡萄牙籍外教在上吗?

H:每年不一样,今年是葡萄牙籍外教在上。

问:这是几年级的课呢?

H:是四年级上学期的课。

问:刚刚你说的葡语国家国情课也是高年级的课吗?

H:对。

问:想问一下你觉得具备跨文化能力的人或学生应该有什么样的特点呢?

H:我觉得具备跨文化能力的学生首先要有较强的沟通能力,还要有文化吸收和资料整合的能力,能领略到不同的文化并且可以转化成自己的东西,最后以自己的方式体现或者表达出来。其次,语言能力也很重要,不管是了解葡语国家文化还是英语国家文化,都要先熟悉它的语言,从语言角度出发,再去学习它的文化。最后,我觉得表达能力也很重要,对于文化和现象不能只体会不展现。

问:你本人怎么理解文化这个概念呢?

H:我觉得文化是一个很巨大的概念。任何一个民族或国家的语言、饮食、生活习惯等都是文化的一部分,文化就是一个国家的一切。

问:我们说跨文化能力培养是一个比较长期的过程,你觉得在这一过程中,包括哪些阶段和必要的方面呢?

H:我先说必要的方面吧,我觉得对于一个学校和一个专业来说,必须能给自己的学生提供丰富且大量的信息。不管是一个国家的文化还是多个国家的文化,都需要有一个强大的文化内容数据库,才能让老师和学生在其中挑选出适合自己的部分。另外,老师本身要具备培养人才的能力,要具备两方文化背景,这样才能达到对比两方文化,将其整合并传授给学生的目的。我觉得跨文化能力培养最重要的阶段是把学生“扔”到不同的文化海洋里,让学生浸泡在其中。看他自己能吸收到什么东西,在他自行吸收完之后,老师再去强化其在跨文化能力培养中更需要的部分。如果他本身吸收到了我们在跨文化能力培养过程中所重视的特质,那是最好的;如果没有的话,我们也可以根据他所缺少的部分,再在课堂和其他的教育环节予以加强。

问:你说让他“浸泡”到里面指的是鼓励学生出国吗?

H:对高年级学生来说,出国肯定是必要的;对低年级的学生来说,我们的教学资料和阅读材料目前来说还是太少了。葡语教材的内容这么多年来都是固定的,就讲这 12 个单元、12 个故事。但是在真正的生活里,一定有很多不同的故事发生,我觉得需要一些更生活化的材料,让学生接触一些与日常文化相关的东西,而不是局限于教材。

问：所以你刚才说的把学生“扔”到不同的文化海洋里不仅指鼓励学生出国，还有使用包括各种阅读材料在内的全方位的文化接触，对吗？

H：对。尤其对低年级学生来说，在他们还没有相应的语言能力时，可以接触一些用中文辅助表达的与对象国文化相关的东西，比如电影、演唱会等。我觉得这些都算“浸泡”在文化海洋的一部分。

问：你觉得在你们学校的跨文化人才培养当中，有涉及对中国文化的反思和对比吗？

H：很少。

问：你刚才提到，有一些方面是当前葡语教学所欠缺的，比如教学材料不足。此外，你觉得当下葡语教学在整体上还有哪些欠缺呢？

H：我觉得教材不足是很大的一方面，不仅仅是上课用教材，还有任何和文化相关的资料也很欠缺。在国内，无论是葡语学习，还是做与葡语相关的工作，都比较欠缺各类文化资料。除此之外，其他方面还可以。老师数量很多，学历过硬，每个学校都有出国交流的机会，从这几点来看，葡语教学体系比之前完善了很多。但我们似乎激励学生学习的动力方面做得不够，很多老师不知道怎么去激励学生学习，好像学习只是一个任务：经过本科四年学习，拿到毕业证就算大功告成了。

受访者 L

问：首先想问一下你的年龄是？

L：30。

问：你的最高学历是？

L：博士。

问：你在高校教授葡语多长时间了？

L：6 年。

问：你有没有在国外或是境外留学、工作的经历呢？

L：有留学的经历。

问：留学经历是在本科还是研究生时期？

L：都有。都在葡萄牙。

问：你在葡萄牙累计生活了几年？

L：5 年左右。

问：你对葡萄牙这个国家的印象怎么样？

L：挺好的。民众很热情，风景很好，生活习俗也能适应。

问：在跨文化能力培养方面，你所在的学校有哪些具体措施？比如有没有境外的合作项目，在课程设置方面有哪些针对性措施，等等。

L：我们学校的跨文化能力培养工作主要体现在与其他学校的合作上。我们和葡萄牙科因布拉大学有为期 1 年的合作项目，届时，全部的大三学生都会出国学习。在课程设置方面，虽然没有特别明显的安排，但每个老师都有自己对课程的理解。比如在选择外版教材方面，有留学经验的老师就可能会结合自己的生活、学习经历，对课文内容进行文化方面的一些补充。

问：你们有专门的文化课程或者国情课程吗？

L：课程设置上是有的，但是因为大三时学生要出国，所以没有正式地上过。

问：这门课是三年级的课程，低年级没有吗？

L：没有。

问：你刚刚提到在课堂上老师会对文化内容进行补充，据你所知，会有哪些方面和形式呢？

L：比如对葡萄牙饮食文化、历史事件进行介绍，还有对葡萄牙文学包括作家在内进行一些内容补充。

问：进行文化内容补充的具体形式有哪些呢？比如文本阅读、视听、讨论、演讲，还是其他形式？

L：对于中教来说，课堂里采用更多的是文本的形式；外教则主要负责视听说和口语方面的课程，因此，外教会在课堂里给予学生更多视听方面的内容。

问：好的，明白。那你觉得具有跨文化能力的学生或个人应该具备什么特点呢？

L：我觉得具备跨文化能力的学生和个人对于所属国和对象国两方面的文化都要有一定的理解。比如遇到文化冲突的时候，他要知道选取一定的策略来应对文化差异，从而进行有效的信息交流，这一点比较重要。他也要对对方文化感兴趣或者有意识地去接受对方文化中不同的地方，这个意识也很重要。

问：你对文化的理解是怎样的呢？

L：文化这个概念可以说是很复杂的一个概念，有关它的定义也有很多很多。对于我而言，文化应该是一个国家约定俗成的集体层面的意识形态、风俗习惯和精神的结晶成果，表现为文学、艺术等形式。

问：你觉得跨文化能力培养这一过程包括哪些阶段和必要的方面呢？

L：我觉得老师在进行语言教学的过程中，很多时候并不只是教授语言，因为语言背后和文化有着非常密切的联系。因此，老师在进行语言方面的教学时，需要有意识地告诉学生某种现象是这个文化所特有的，与此同时，文化意识的培养应当结合实际的生活应用，比如说日常打招呼是一件很简单的事情，但是其中就有很多和我们不一样的地方，老师在这种情境中进行文化知识的补充，对学生的跨文化能力培养可以起到事半功倍的效果。

问：你刚才谈到就打招呼这方面，葡语国家的人和我们的习惯是不一样的，那么在课堂上，老师会经常引导学生对中国文化进行反思或者组织关于中国文化对比的讨论吗？

L：会有。当讲到与文化对比相关的内容时，我会适当地补充一些知识点，希望学生们能跳出自己的文化范围，去思考两个文化之间的异同点。

问：你们在上翻译课的时候，会讲到中国文化内容的外译或者相关领域的东西吗？

L：会涉及。在翻译课的时候，老师会说到外化和内化的内容，并结合具体的例子让学生体会其中含义。

问：总体来说，你觉得现在的中国葡语教学还存在什么问题或者有哪些需要改进的地方吗？

L：现在最亟须解决的是教材和教学资料欠缺的难题，这是我比较重视的方面。

问：那具体来说欠缺指的是哪方面？是教材数量上的欠缺，还是某一领域内容的欠缺，或者是形式上的欠缺？

L:应该说这几年市面上还是出现了一些教材和教辅资料,但是能够结合我们教学实际的教材还是比较少的,直接能拿到课堂上使用的教材也很少。

受访者 S

问:你的年龄是?

S:27。

问:你的最高学历是?

S:硕士。

问:你在高校教授葡萄牙语多久了?

S:不到 3 年。

问:你有在国外或境外留学或工作的经历吗?

S:有。我之前在澳门读研究生,并在那里生活了两年。在本科阶段,我在大三时去巴西交换了 1 年。

问:你对巴西这个国家在总体上有什么印象呢?

S:巴西人民非常热情,巴西的老师总体上非常负责认真,但巴西的治安环境相对来说没有那么安全。

问:你对澳门的印象怎么样呢?

S:我觉得澳门的城市很美,各方面都治理得很好,澳大的老师也很认真负责。澳大的图书馆有很齐全的资料可供查阅。

问:在跨文化能力培养方面,你所在的学校有哪些具体措施?比如说有没有境外的合作项目,比如在课程设置方面有没有专门的设计,或者说有没有参与或举办各类文化活动,等等。

S:我们学校采用的是"4+1"模式,学生会在第二年去澳门,第三年去葡萄牙,我觉得这能帮助他们提升自己的语言能力和与他人交流沟通的能力。此外,还会有其他的活动,比如说葡语演讲比赛、配音比赛和诗歌朗诵比赛等。每年圣诞节,会组织中国学生和葡萄牙学生进行联谊,会举办一个圣诞晚会,基本每一个学生都有语伴。因为我们学校比较特殊,外国人比较多,所以学生比较好找到自己的语伴。

问:你们有文化类课程吗,比如葡萄牙文化或者葡萄牙语国家概况这样的课程?

S:目前没有。但是我们会在其他一些课上,比如泛读和阅读课、写作课上给大家补充一些文化类知识,目前还没有单独设一门课专门讲葡语国家概况。

问:就像你提到的,在其他课上会谈到与葡语国家文化相关的知识,请问具体是什么样的教学方式呢?是采用书面材料、视听材料、学生讨论或者是学生演讲这类形式吗?能否向我们介绍一下?

S:其他的课我不是很清楚。我上的阅读课还是以文本为主,让学生去读,我设计一些问题,让他们根据文本去回答,然后我再补充一些与某方面文化相关的知识。我有时候也会补充一些视频材料,但相对较少,有时也会让学生做一些课堂展示,但最主要的形式还是以讲解文本为主。

问:在涉及文化内容时,是会以某一个或者某一些国家为主,还是所有葡语国家和地区基本上都涉及呢?

S:基本上都会讲到。但因为我们的合作院校是以葡萄牙院校为主的,所以我们还是会以葡萄牙历史文化讲解为主体,巴西的也会说一些。

问:在课堂上会涉及对中国文化的反思和文化对比讨论吗?

S:有时候会涉及一些。比如在讲到谚语、俗语或一些典故的时候,我会让学生想一下咱们中国是不是有类似的表达或故事,但是不会做特别系统的比较。

问:那你觉得具有跨文化能力的学生或者具有跨文化能力的人应当具备什么特点呢?

S:我觉得具有跨文化能力的学生首先在性格上肯定要更外向一些,更愿意和别人沟通交流。其次他们的语言表达能力也比较强,表达时的思维会更清晰,语言组织能力也更优秀。最后,他们更有热情、更有意愿与别人交流,能够把中国文化传播到国外或者讲给他们的外国朋友听。

问:明白。那你是怎么理解文化这个概念的?

S:我觉得文化这个概念是很宽泛的。语言和文化是息息相关的。脱离了文化的语言就没有灵魂,会变成机械的工具,语言是深深植根于文化中的。文化包含了从很早以前到现代人类文明成果的全部结晶,并且直到现在仍不断被传承、发展着。

问:你觉得跨文化能力培养这一过程包括哪些必要的阶段和方面呢?

S:我觉得跨文化能力不是光靠课堂就能培养出来的。首先,学生要有一个比较扎实的语言基础,这样他们才有能力去和其他文化进行交流。其次,要重视对葡语国家和中国文化知识的教授,让学生了解两方文化。最后,要依靠他们自己,积极和外国人进行交流互动,利用这两年在外面交换的时间,积累经验。

问:总体来说,你觉得目前中国葡语教学存在什么问题,有哪些需要改进的地方?

S:第一就是教材严重不足。老师在备课过程中以及学生在课下拓展学习时都会感到教材等内容资源很匮乏。第二就是在教学方法上,目前还没有形成一个很系统的理论,大家在教学过程中都是摸着石头过河。第三,葡语教学是小语种教学,在教学过程中有许多需要使用外网进行资料补充的情况,但目前来看,外网使用不太方便。

附录二：葡萄牙语专业学生跨文化能力自评问卷（样卷）

1. 您的性别：

○男

○女

2. 您目前的年级：

○大一

○大二

○大三

○大四或已毕业（一年以内）

○已毕业（一年以上）

3. 您所在或者毕业的高校______________

4. 您有在葡语国家和地区学习的经历吗？

○有

○无

（若第4题选择“有”则需回答第5、6、7、11、15题）

5. 最主要的一次是在哪个葡语国家和地区？

○葡萄牙

○巴西

○莫桑比克

○安哥拉

○其他______________

6. 您总共在这个国家或地区生活了多久？

______________（单位：月。请填写整数阿拉伯数字，不足1个月按1个月计算）

7. 在这个国家或地区学习葡语时，您有相对固定的班级或同学群体吗？

○有

○无

（若第 7 题选择“有”，则需回答第 8 题。）

8. 班级或群体的构成如何？

○全部或几乎全由中国留学生组成

○由不同国籍的外国学生组成

○外国学生与该国当地学生一同上课

○其他______________

（以下问题中，1 代表“不符合/不赞成”，5 代表“非常符合/非常赞成”，1 到 5 程度逐渐升高）

9. 我能够接受并适应葡语国家和地区的以下现象：

饮食	1	2	3	4	5
作息	1	2	3	4	5
交通	1	2	3	4	5
规章制度	1	2	3	4	5
文化禁忌	1	2	3	4	5

10. 我常常能理解葡语国家和地区的以下事物或现象：

政治经济状况	1	2	3	4	5
社会问题	1	2	3	4	5
风俗习惯	1	2	3	4	5
思维方式	1	2	3	4	5
宗教信仰	1	2	3	4	5

11. 我觉得自己已经很了解去过的葡语国家和地区的文化了。

1　2　3　4　5

12. 我觉得某个个体能代表他所在民族的整体文化。

1　2　3　4　5

13. 葡语国家和地区中有一些文化现象我无法理解。

1　2　3　4　5

14. 我的国家或其他国家发生政治、经济、宗教等方面事件时，我能从不同的文化角度看待。

1 2 3 4 5

15. 我虽然会说当地语言，也能理解当地文化，但是在留学时会感到自己与环境格格不入。

1 2 3 4 5

16. 我尊重来自不同文化的人的价值观念和行为举止。

1 2 3 4 5

17. 学习或体验葡语国家文化时，我会联想到中国文化中的相关现象。

1 2 3 4 5

18. 我在与来自其他文化的人交流自己的文化时，会感到害羞或紧张。

1 2 3 4 5

19. 假如我感到害羞或紧张，那是因为：

担心自己的语言水平不足 1 2 3 4 5

担心自己会不合群 1 2 3 4 5

担心其他国家和地区的文化比自己国家和地区的文化要优秀

1 2 3 4 5

担心自己国家和地区的文化被嘲笑或误解 1 2 3 4 5

20.（填空，选填）除上述四点外，让你感到害羞或紧张的其他原因是什么？

________________________________。

21. 我愿意和来自不同文化的人交流。

1 2 3 4 5

22. 与来自某个不同国家的人互动时，我通常会试着适应对方的一些方式。

1 2 3 4 5

23. 和来自其他文化的人互动的时候，我能体察到对方的微妙意思。

1 2 3 4 5

24. 大多数其他文化与我的文化相比是落后的。

1　　2　　3　　4　　5

25. 我感到来自其他文化的人可以给我积极的影响。

1　　2　　3　　4　　5

26. 我与跟自己关系好的人在一起时感到亲近，不管他们是否属于我自己的文化。

1　　2　　3　　4　　5

27. 我通常与来自我自己的文化的人在一起时感到更亲近，因为我能与他们很好地建立联系。

1　　2　　3　　4　　5

28. (填空，必填)你觉得上述题目中提到的“我的文化”或“自己的文化”是指什么？

______________________________。

参考文献

陈国明，彭文正，叶银娇，等. 传播研究方法[M]. 上海：复旦大学出版社，2011.

戴晓东. 跨文化能力研究[M].北京：外语教学与研究出版社，2018.

国家发展改革委、外交部、商务部. 推动共建丝绸之路经济带和21世纪海上丝绸之路的愿景与行动[M]. 北京：外文出版社，2015.

胡文仲，高一虹.外语教学与文化[M].长沙：湖南教育出版社，1997.

贾玉新. 跨文化交际学[M]. 上海：上海外语教育出版社，1997.

教育部高等学校教学指导委员会. 普通高等学校本科专业类教学质量国家标准(上)[M]. 北京：高等教育出版社，2018.

李箭. 建国以来大学英语教学研究[M]. 南京：东南大学出版社，2011.

刘宝权. 语言测试与跨文化交际能力研究的接口[M]. 保定：河北大学出版社，2008.

刘荣，廖思湄. 跨文化交际[M]. 重庆：重庆大学出版社，2015.

潘亚玲.跨文化能力内涵与培养：以高校外语专业大学生为例[M].北京：对外经济贸易大学出版社，2016.

宋莉.跨文化交际法中国英语教学模式探析[D].上海：上海外国语大学，2008.

王珊，马玉红.大学英语教学的跨文化教育及教学模式研究[M].武汉：武汉大学出版社，2018.

文秋芳. 英语口语测试与教学[M].上海：上海外语教育出版社，1999.

文秋芳. 应用语言学研究方法与论文写作[M]. 北京：外语教学与研究出版社，2004.

文秋芳. 中国外语类大学生思辨能力现状研究[M]北京：外语教学与研究出版社，2012.

肖仕琼. 跨文化视域下的外语教学[M]. 广州：暨南大学出版社，2010.

徐亦行，张维琪. 葡萄牙语综合教程1：学生用书[M]. 上海：上海外语教育出版社,2012.

徐亦行,张维琪. 葡萄牙语综合教程 2:学生用书[M]. 上海:上海外语教育出版社,2012.

徐亦行,张维琪. 葡萄牙语综合教程 3:学生用书[M]. 上海:上海外语教育出版社,2014.

徐亦行,张维琪. 葡萄牙语综合教程 4:学生用书[M]. 上海:上海外语教育出版社,2016.

严明. 跨文化交际理论研究[M]. 哈尔滨:黑龙江大学出版社,2009.

杨建培.跨文化能力培养论:以德语教学为例[M]. 上海:同济大学出版社,2012.

杨洋. 跨文化交际能力的界定与评价[D]. 北京:北京语言大学,2009.

杨亦鸣,赵晓群."一带一路"沿线国家语言国情手册[M].北京:商务印书馆,2016.

叶志良. 大学葡萄牙语 1[M]. 北京:外语教学与研究出版社,2009.

叶志良. 大学葡萄牙语 2[M]. 北京:外语教学与研究出版社,2010.

张岱年,方克力. 中国文化概论[M]. 北京:北京师范大学出版社,2004.

张红玲. 跨文化外语教学[M]. 上海:上海外语教育出版社,2007.

张培欣.蒙古族英语专业学生跨文化交际能力培养的系统研究[D].北京:北京第二外国语学院,2010.

赵军. 跨文化交际:认知差异与文化语言习得[M]. 北京:北京大学出版社,2012.

赵瑜,刘云缦.现代英语教学理论实践与跨文化研究.[M].北京:中国纺织出版社,2017.

庄恩平,萨斯曼. 跨文化沟通[M]. 北京:外语教学与研究出版社,2014.

BACHMAN L. Fundamental considerations in language testing[M]. Oxford: Oxford University Press. 1990.

BERARDO K. Intercultural competence: a synthesis and discussion of current research and theories[D]. Luton: University of Luton,2005.

BYRAM M. From foreign language education to education for intercultural citizenship: essays and reflections [C]. Clevedon: Multilingual Matters,2008.

BYRAM M. Cultural studies in foreign language education [M]. Clevedon: Multilingual Matters,1989.

BYRAM, M. Teaching and assessing intercultural communicative competence[M].

Clevedon: Multilingual Matters, 1997.

BYRAM M, GRIBKOVA B, STARKEY H. Developing the intercultural dimension in language teaching. a practical introduction for teachers[M]. Strasbourg: Council of Europe.2002.

BYRAM M, ESARTE-SARRIES V, TAYLOR S. Cultural studies and language learning: a research report[M].Clevedon: Multilingual Matters.1991.

CHEN G M. Foundations of intercultural communication competence [M]. Hong Kong: China Review Academic Publishers,2010.

CHOMSKYN. Aspects of the Theory of Syntax [M]. Cambridge, MA: The MIT Press,1965.

DEARDORFF D K. The identification and assessment of intercultural competence as a student outcome of internationalization at institutions of higher education in the united states [D]. Raleigh: North Carolina State University,2004.

DEARDORFF D K. The SAGE handbook of intercultural competence [C]. Los Angeles: SAGE,2009.

DEARDORFF D K. The identification and assessment of intercultural competence as a student outcome of international education at institutions of higher education in the United States [D].Releigh:North Carolina State University,2004.

GOLLNICK D M, CHINN P C. Multicultural education in a pluralistic society[M]. Upper Saddle River, N.J.: Merrill.2009.

GUDYKUNST W B. Bridging differences: effective intergroup communication[M]. 4th ed. London: Sage Publications,2004.

HALL E T. The silent language[M]. New York: Anchor Books, 1990.

HARMER J. How to teach English [M]. Beijing: Foreign Language Teaching and Research Press,1998.

HOFSTEDE G, HOFSTEDE G J, MINKOV M. Cultures and organizations: software of the mind. revised and expanded [M]. 3rd ed. New York:McGraw-Hill, 2010.

HOUGHTONS. Intercultural dialogue in practice: managing value judgment in foreign language education[M]. Clevedon: Multilingual Matters, 2012.

JANDT F E. An introduction to intercultural communication: identities in a global community[M]. California: Sage Publications, Inc., 2010.

KELLEY C, MEYERS J. The cross-cultural adaptability inventory: self-assessment [M]. Minneapolis: NCS Pearson, 1995.

KIM Y Y. Communication and cross-cultural adaptation: an integrative theory[M]. Philadelphia: Multilingual Matters, 1988.

KOTTHOFF H, SPENCER-OATEY H. Handbook of intercultural communication [C]. Berlin: Mouton de Gruyter, 2009.

KRAMSCH C. Context and culture in language teaching [M]. Oxford: Oxford University Press, 1993.

LEITE I C, COIMBRA O M. Português sem fronteiras 1[M]. Lisboa: Lidel, 1997.

LEITE I C, COIMBRA O M. Português sem fronteiras 2[M]. Lisboa: Lidel, 1997.

LEITE I C, COIMBRA O M. Português sem fronteiras 3[M]. Lisboa: Lidel, 1998.

LIDDICOAT A J, SCARINO A. Intercultural language teaching and learning [M]. Oxford: Wiley-Blackwell, 2013.

LIU G. Planeamento do Ensino do Português Língua Estrangeira na República Popular da China, monografia apresentada ao Seminário de Multilinguismo e Política Linguística [D]. Lisboa: Universidade de Lisboa. 2013.

LUSTIG M W, KOESTER J. Intercultural competence: interpersonal communication across cultures[M].5th ed. Shanghai: Shanghai Foreign Language Education Press, 2007.

OLIVEIRA C A V, COELHO M L L. 环球葡萄牙语 1[M]. 北京:商务印书馆, 2016.

OLIVEIRA C A V, COELHO M L L. 环球葡萄牙语 2[M]. 北京:商务印书馆, 2016.

OLIVEIRA, C A V, COELHO M L L. 环球葡萄牙语 3[M]. 北京:商务印书馆, 2018.

OLIVEIRA, C A V, COELHO M L L. 环球葡萄牙语 4[M]. 北京:商务印书馆, 2018.

PRATA M, HEIL A B.交际巴西葡萄牙语教程[M]. 上海:上海外语教育出版社, 2017.

RISAGERK. Language and culture pedagogy: from a national to a transnational paradigm[M]. Shanghai: Shanghai Foreign Language Education Press. 2014.

SCOLLON R, SCOLLON S W. Intercultural communication: a discourse approach [M]. 2nd ed. New Jersey:Wiley-Blackwell, 2001.

SERCU L,et al. Foreign language teachers and intercultural competence: an international investigation[M].Clevedon: Multiliguanl matters, 2005.

SOUSA S C. Cultura e história de Portugal 1[M]. Porto: Porto Editora, 2013.

SOUSA S C. Cultura e história de Portugal 2[M]. Porto: Porto Editora, 2014.

TABARES A. 21 世纪葡萄牙语 1:学生用书 [M]. 北京:商务印书馆,2019.

TABARES, A.21 世纪葡萄牙语 2:学生用书 [M]. 北京:商务印书馆,2020.

TABARES, A.21 世纪葡萄牙语 3:学生用书 [M]. Lisboa: Lidel, 2019.

TING-TOOMEY S. Communicating across cultures [M]. New York: TheGuilford Press,1999.

ZHENG S P. O ensino da Língua Portuguesa na China: caracterização da situação actual e propostas para o futuro [D]. Braga: Universidade do Minho, 2010.

安丰存,赵磊. "一带一路"背景下我国外语教育政策刍议[J]. 延边大学学报(社会科学版),2017(4).

白春仁.边缘上的话语:巴赫金话语理论辨析[J].外语教学与研究,2000(3).

蔡永良. 从外语教学走向外语教育:新形势下我国外语教育转轨的思考[J]. 外语教学,2013(1).

常晓梅,赵玉珊. 提高学生跨文化意识的大学英语教学行动研究[J]. 外语界,2012(2).

陈金诗,董金伟. 全能提高型大学英语课程教学体系的创构与实践:以广东外语外贸大学为例 [J]. 山东外语教学,2018(6).

陈美华,陈祥雨. "一带一路"背景下英语与非英语语种教育问题探讨[J]. 外语教学与研究,2018(5).

陈美华,陈祥雨. 中美语言政策的差异及启示:官方语言视角 [J]. 外语教学,2017 (3).

陈素琴,张丽红,王金生. 跨文化交际模式下的英语教师本土文化意识[J]. 现代教育管理,2010 (6).

成昭伟,张祝祥. 费孝通的"文化自觉"思想对典籍英译的启示[J].中国科技翻译,2015(1).

从丛. 中国文化失语:我国英语教学的缺陷[N].光明日报,2000-10-19.

戴炜栋,王雪梅. “文化走出去”背景下的我国外国语言文学学科发展战略[J]. 解放军外国语学院学报,2015(4) .

樊葳葳,吴卫平,彭仁忠. 中国大学生跨文化能力自我评价分析[J]. 中国外语,2013(6).

费孝通.文化自觉的思想来源与现实意义[J].文史哲,2003(3).

高一虹. 跨文化交际能力的培养:“跨越”与“超越”[J]. 外语与外语教学, 2002(10).

高一虹. 生产性双语现象考察[J]. 外语教学与研究, 1994(1).

高一虹.跨文化交际能力的“道”与“器”[J].语言教学与研究,1998(3).

高永晨. 跨文化交际中文化移情能力的价值与培养[J].外语与外语教学,2005(12).

高永晨. 中国大学生跨文化交际能力测评体系的理论框架构建[J]. 外语界,2014(4).

葛春萍,王守仁.跨文化交际能力培养与大学英语教学[J].外语与外语教学,2016(2).

顾晓乐. 外语教学中跨文化交际能力培养之理论和实践模型[J]. 外语界,2017(1).

郭佳. 英语专业教学中的中国文化意识培养:一份基于使用《阅读中国》进行文化教学改革的报告[J]. 外语学刊, 2011 (3).

韩宝成. 重构大学英语教学目标,完善大学英语课程体系[J]. 东北师范大学学报(哲学社会科学版),2012(1).

韩晓蕙.高校学生跨文化交际能力培养的现状与思考:以高校英语教师为考察维度[J]. 外语学刊,2014 (3).

郝彩虹. 大学英语教师职后学历学习与专业认同变化研究[J]. 外语界, 2010(4).

何道宽. 文化在外语教学中的地位[J]. 外国语文, 1986 (1).

何克抗. 建构主义:革新传统教学的理论基础(上) [J].电化教育研究,1997(3).

胡文仲. 文化教学与文化研究[J]. 外语教学与研究, 1992(1).

胡文仲.跨文化交际课教学内容与方法之探讨[J].中国外语,2006(6) .

胡文仲.跨文化交际能力在外语教学中如何定位[J].外语界,2013(6) .

黄国君,夏纪梅. 大学英语课堂危机引发的思考及对策研究[J]. 外语教学理论与实践,2013(3).

黄李辉,阮永平. 文献分析法在我国管理会计研究中的应用:基于 33 篇样本文献的分析[J] . 财会通讯,2017(4).

黄伟. 大学英语课程新使命:为“一带一路”战略人才培养服务[J]. 考试与评价(大学英语教研版),2019(2).

黄文红. 过程性文化教学与跨文化交际能力培养的实证研究[J]. 解放军外国语学院学报,2015 (1).

黄文红. 跨文化交际能力理论模型:中国与西方的对比[J] . 西安外国语大学学报,2013(4).

黄文红. 中国跨文化敏感度量表的初步构建 [J] .外语教学理论与实践,2017(2).

蒋洪新. 构建人类命运共同体视阈下的中国外语教育改革[J]. 外语教学与研究,2018(3).

靳玉乐,罗生全. 课程理论的文化自觉[J]. 教育研究,2008(6).

孔德亮,栾述文.大学英语跨文化教学的模式构建: 研究现状与理论思考[J].外语界,2012(2).

乐黛云.文化自觉与中西文化会通[J]. 河北学刊,2008(1).

雷买利.论母文化在跨文化交际教学中的地位[J].四川外语学院学报,2006(3).

李艳. 文化自觉的三重释义[J]. 东北师大学报(哲学社会科学版) 2012 (4).

李宇明. "一带一路"需要语言铺路[N].人民日报,2015-09-22(7).

李宇明. 全球治理体系改革需要语言助力[N]. 光明日报,2019-07-27.

李宇明. 中国外语规划的若干思考[J].外国语(上海外国语大学学报),2010(1).

李宇明.提升国家语言能力的若干思考[J].南开语言学刊, 2011(1).

李战子."一带一路"安全需求与军队"走出去"人才培养课程方阵建设[J]. 公共外交季刊,2018(1).

刘丽华, 戴慧琳, 黄振定. 英语专业学生的中国文化失语症分析研究[J]. 外语电化教学, 2018(5).

刘齐生."跨文化能力"之概念及其引出的问题[J].广东外语外贸大学学报,2004(4).

刘世文. 对中国文化英语表达能力的调查及其启示[J]. 基础教育外语教学研究,2003(1).

刘小丽,钱伟聪.绿色"一带一路"助力企业走出去:中莫两国签署林业谅解备忘录[J].国际木业,2018(4).

刘艳红,ZHANG L J, MAY S. 基于国家级规划大学英语教材语料库的教材文化研究[J]. 外语界, 2015 (6).

刘长江. 谈外语教育中目的语文化和本族语文化的兼容并举[J]. 外语界, 2003 (4).

潘海英,戴慧. 全球化趋势下俄罗斯语言政策的调整及动因[J]. 东北师大学报(哲学社会科学版),2013(6).

裴丽,李琼,张素蕙.教师身份认同研究的国际前沿与知识基础:基于2000—2016年国际核心期刊的文献计量分析[J].比较教育研究,2017(8).

祁和平.浅析大学英语教材编撰培养学生英语综合素质[J].学术探索,2012(12).

瞿振元."一带一路"建设与国家教育新使命[N].光明日报,2015-08-13.

阮宗泽."一带一路":塑造共享的21世纪[J].国际问题研究,2019(2).

邵思源,陈坚林.一项对高中英语教师跨文化交际敏感度的调查[J].外语学刊,2011(3).

沈骑,夏天."一带一路"语言战略规划的基本问题[J].新疆师范大学学报(哲学社会科学版),2018(1).

沈骑."一带一路"倡议下国家外语能力建设的战略转型[J].云南师范大学学报(哲学社会科学版),2015(5).

沈骑."一带一路"建设中的语言安全战略[J].语言战略研究,2016(2).

沈骑.全球化背景下我国外语教育政策研究框架建构[J].外国语(上海外国语大学学报),2011(1).

沈骑.小语种,冷热之间[N].光明日报,2015-01-04(15).

时明德.论大学文化责任的价值向度与现实旨归[J].教育研究,2014(2).

史兴松.外语能力与跨文化交际能力社会需求分析[J].外语界,2014(6).

束定芳.关于我国外语教育规划与布局的思考[J].外语教学与研究,2013(3).

宋伊雯,肖龙福.大学英语教学"中国文化失语"现状调查[J].中国外语,2009(6).

苏莹莹."一带一路"非通用语人才培养模式的思考与探索[J].中国外语教育,2017(2).

孙琪,刘宝存."一带一路"倡议下非通用语人才培养现状与发展路径研究[J].中国高教研究,2018(8).

孙有中.外语教育与跨文化能力培养[J].中国外语,2016(3).

王菲.我国大学英语教材中的文化选择与配置:以两套大学英语《综合教程》为例[J].西安外国语大学学报,2010(2).

王丽."一带一路"背景下的英语+小语种的复合应用型人才培养[J].高教学刊,2016(15).

王铭玉.语言文化互通是"一带一路"建设的前提[J].中国人大,2017(8).

王强.外语教学中的跨文化能力教育理念:Michael Byram教授访谈[J].中国外语,2016(3).

王守仁.《大学英语教学指南》要点解读[J]. 外语界,2016(3).

王守仁. 论文化思想差异与英语教学[J]. 四川外语学院学报,2001 (4).

王雪梅,赵双花. "一带一路"背景下我国高校非通用语种专业建设:现状、问题与对策[J]. 外语电化教学, 2017(2).

王雪梅. 对国家战略视角下外语学科发展规划的思考[J]. 中国外语,2017(5).

王义桅. "一带一路"的国际话语权探析[J].探索,2016(2).

王卓,胡艳玲,王金娥. 师范类英语专业跨学科人才培养模式探索:以山东师范大学《英语专业培养方案》修订为例[J]. 外国语文,2019(4).

王卓. "一带一路"背景下高校立体化外语教育建设 [J]. 山东外语教学,2019(5).

王卓.从简单复合到跨学科外语人才培养:谈新时代背景下英语专业人才培养[J]. 山东外语教学,2018(3).

王宗炎. Recent developments in Chinese culture and language[J]. 外国语 ,1997 (2).

文秋芳, 张虹.我国高校非通用外语教师面临的挑战与困境:一项质性研究[J]. 中国外语, 2017(6).

文秋芳. "一带一路"语言人才的培养 [J]. 语言战略研究,2016 (2).

吴卫平,樊葳卫,彭仁忠.中国大学生跨文化能力维度及评价量表分析[J]. 外语教学与研究,2013(4).

向明友. 顺应新形势, 推动大学英语课程体系 建设:《大学英语教学指南》课程设置评 注[J]. 外语界, 2020 (4).

肖河,徐进."一带一路"伟大构想与实践[N]. 福建日报,2017-09-03.

肖龙福, 肖笛, 李岚,等. 我国高校英语教 育中的"中国文化失语"现状研究[J]. 外语教学理论与实践, 2010 (1).

肖琼, 黄国文. 关于外语课程思政建设的思考[J]. 中国外语, 2020(5).

邢欣,张全生. "一带一路"倡议下的语言需求与语言服务[J].中国语文,2016(6).

徐辉. 大学英语教学中应重视传播中国文化[J]. 山西财经大学学报, 2010 (S2).

许国璋. Culturally loaded words and English language teaching[J]. 现代外语, 1980 (4).

许力生,孙淑女.跨文化能力递进:交互培养模式构建[J]. 浙江大学学报(人文社会科学版),2013(4).

许力生.交际能力与跨文化交际. [J] 浙江大学学报(人文社会科学版),1997(3).

许力生.跨文化的交际能力问题探讨[J].外语与外语教学,2000(7).

许力生.跨文化能力构建再认识[J]. 浙江大学学报(人文社会科学版),2011(3).

许悦婷. 大学英语教师在评估改革中身份转变的叙事研究[J]. 外语教学理论与实践，2011(2).

寻阳，郑新民. 中学英语教师身份认同及其对教师专业发展的影响[J]. 基础教育，2015(2).

杨盈,庄恩平.构建外语教学跨文化交际能力框架[J]. 外语界,2007(4).

叶洪.后现代批判视域下跨文化外语教学与研究的新理路：澳大利亚国家级课题组对跨文化“第三空间”的探索与启示[J]. 外语教学与研究,2012 (1).

余江英.东道国语言选择对 FDI 流入影响的实证研究:兼议“一带一路”战略下的汉语国际传播(社科版)[J].长江大学学报 ,2016(8).

袁小陆,赵娟,董梅. 外语教育中的文化自觉培养现状与归因研究 [J]. 外语教学，2017(3).

袁小陆,赵娟. “一带一路”背景下外语教育中文化自觉培养的诉求与应对[J]. 西安外国语大学学报，2017(3).

张蓓,马兰. 关于大学英语教材的文化内容的调查研究[J].外语界,2004(4).

张珊. 中国外语教育的文化自觉[J].外语教学,2017(2).

张淳.中国高校外语教师信念量化研究:基于跨文化交际能力的培养[J]. 中国外语，2014(6).

张红玲. 以跨文化教育为导向的外语教学:历史、现状与未来[J]. 外语界,2012(2).

张虹，李民. 第二语言教师教育研究国际热点与趋势分析(2006—2017)[J]. 外语教学，2018(4).

张虹.《国标》背景下高校非通用语教师身份认同研究[J]. 中国外语,2019(5).

张华，许斌. 大学英语教师身份认同的现状与分析：基于浙江省 5 所大学的调查研究[J]. 教育科学，2017(4).

张连仲. 英语教学中语言与文化的关系[J]. 课程·教材·教法，1997 (5).

张思瑶. “一带一路”战略下东北地区非通用语种人才培养[J].东北财经大学学报，2017 (3).

张天伟. 国家语言能力视角下的我国非通用语教育:问题与对策[J]. 外语界,2017(2).

张天伟. 我国关键语言战略研究[J]. 中国社会科学院研究生院学报,2015(3).

张为民，朱红梅. 大学英语教学中的中国文化[J]. 清华大学教育研究，2002 (S1).

张卫东,杨莉.跨文化交际能力体系的构建:基于外语教育视角和实证研究方法[J].外语界,2012(2).

张政文,董纪昌,王铭玉,郝文斌.新文科怎么建?学科跨出去,文理融起来[N].光明日报,2019-07-24(8).

张治国.中国周边国家通用语研究[J].外语教学与研究,2016(2).

赵世举."一带一路"建设的语言需求及服务对策[J].云南师范大学学报(哲学社会科学版),2015(4).

赵世举.全球竞争中的国家语言能力[J].中国社会科学,2015(3).

郑晶晶.问卷调查法研究综述[J].理论观察,2014(10).

郑晓红.中国特色跨文化人才培养的理念和实践:评《跨文化视角英语阅读教程》[J].外语界,2012(2).

钟华,白谦慧,樊葳葳.中国大学生跨文化交际能力自测量表构建的先导研究[J].外语界,2013(3).

钟华,樊葳葳.中国大学生跨文化交际能力量具构建的理论框架[J].中国外语教育,2013(3).

仲伟合,王巍巍.新时代背景下我国高校外语专业教育的改革与发展[J].山东外语教学,2018(3).

仲伟合,张清达."一带一路"视域下的中国特色大国外语教育战略的思考[J].中国外语,2017 (5).

周国平,阚阅."一带一路"战略的人才支撑与教育路径[J].教育研究,2015(10).

周烈.经济全球化背景下外语院校人才培养模式的社会适应性[J].中国外语,2011(2).

周学恒,战菊.从《要求》到《指南》:解读《大学英语教学指南》中的课程设置[J].中国外语,2016 (1).

周雪婷,薛莜莉.高校中国文化素养培养策略研究[J].湖南社会科学,2019(1).

庄恩平.跨文化能力:我国21世纪人才必备的能力——"2006跨文化交际国际学术研讨会"综述[J].外语界,2006(5).

ARASARATNAM L A. The development of a new Instrument of intercultural communication competence[J]. Journal of intercultural communication, 2009 (20).

BENNETT M J. A developmental approach to training for intercultural sensitivity [J]. International journal of intercultural relations, 1986(10).

BORGHETTIC. Integrating intercultural and communicative objectives in the foreign language class: aproposal for the integration of two models [J]. The Language Learning Journal,2013 (3).

CHEN G M. Relationships of the dimensions of intercultural communication competence [J]. Communication Quarterly,1989(37).

CHEN G M, STAROSTA W J. The development and validation of the intercultural sensitivity scale [J]. Human Communication,2000(3).

CHEN G M, STAROSTA W J. Intercultural communication competence: a synthesis [J]. Communication Yearbook 19, 1996.

CHEN G M, STAROSTA W J. The development and validation of the intercultural sensitivity scale[J]. Human communication, 2000(3).

CHOMSKYN. Rules and Representations [M]. Oxford: Basil Blackwell,1980.

DEARDORFF D K. Identification and assessment of intercultural competence as a student outcome of internationalization [J]. Journal of studies in intercultural education, 2006(10) .

FANTINI A E. Language,culture,and world view: exploring the nexus [J]. International journal of intercultural relations,1995(19) .

GU X. Assessment of intercultural communicative competence in FL education: a survey on EFL teachers' perception and practice in China [J]. Language and intercultural communication,2016(2).

HAMMER M R,BENNETT M J, WISEMAN R L. Measuring intercultural sensitivity: the intercultural development inventory[J]. International journal of intercultural relations,2003(27).

JORDAN B, HENDERSON A. Interaction analysis: foundations and practice[J]. Journal of the learning sciences,2009 (1).

KING P M, BAXTER M B. A developmental model of intercultural maturity [J]. Journal of college student development,2005(46).

KOESTER J, OLEBE M. The behavioral assessment scale for intercultural communication effectiveness [J]. International Journal of Intercultural Relations,1988(12) .

KUPKA B,EVERETT A, WILDERMUTH S. The rainbow model of intercultural communication competence: a review and extension of existing research [J]. Intercultural communication studies,2007(2).

NEELEY T, KAPLAN R S. What is your language strategy [J]. Harvard business review,2014(7).

NEULIEP J W, MACCROSKEY J C. The development of a US andgeneralized ethnocentrism scale[J]. Communication research report. 1997 (14).

PORTALLA T, CHEN G M. The development and validation of the intercultural effectiveness scale[J]. Intercultural studies, 2010(19).

RUBEN B D, KEALEY D J. Behavioral assessment of communication competency and the prediction of cross-cultural adaptation [J]. international journal of intercultural relations,1979(3).

SCHMIDT P. The ABC's of cultural understanding and communication[J]. Equity & excellence in education,1998(2).

SINICROPE C,NORRIS J M, WATANABE Y. Understanding and assessing intercultural competence: a summary of theory,research and practice [J]. Second language studies,2007(1).

TANNEN D. The pragmatics of cross-cultural communication [J]. Applied linguistics,1984 (3).

TING-TOOMEY S, KUROGI A. Facework competence in intercultural conflict: an updated face-negotiation theory [J]. International journal of intercultural relations,1998(22).

WENQ. The production-oriented approach to teaching university students English in China[J]. Language teaching,2016 (1).

澳门贸易投资促进局，http://www.macaucee.com.mo.

财新网，http://international.caixin.com.

国务院国有资产监督管理委员会，http://www.sasac.gov.cn/index.html.

京报网，https://www.bjd.com.cn/index.shtml.

经济参考报，http://www.jjckb.cn.

经济日报，https://www.jingjiribao.cn.

人民日报，http://paper.people.com.cn.

人民日报海外版，http://paper.people.com.cn.

人民网，http://www.peopledaily.com.cn.

人民网葡文版，http://portuguese.people.com.cn.

葡萄牙语国家共同体 ，https://www.cplp.org .

葡萄牙总理办公室，https://www.portugal.gov.pt.

新华网，http://www.xinhuanet.com.

央视网新闻频道，http://news.cctv.com/.

中非贸易研究中心，http://news.afrindex.com.

中国发展网，http://special.chinadevelopment.com.cn.

中国港湾官网，https://www.guancha.cn.

中国国际广播电台葡萄牙语广播部，http://portuguese.cri.cn.

中国海洋报，http://www.oceanol.com .

中国江苏网，http://jsnews.jschina.com.cn.

中国经济网，http://www.ce.cn.

中国能源建设集团有限公司，http://www.sasac.gov.cn.

中国—葡萄牙语国家经贸合作论坛(澳门)，http://www.forumchinaplp.org.mo.

中国社会科学网，https://www.fmprc.gov.cn.

中国水电，http://www.hydropower.org.cn.

中国新闻网，http://www.chinanews.com.

中国一带一路网，https://www.yidaiyilu.gov.cn.

中国与葡语国家经贸合作论坛常设秘书处辅助办公室，http://tga.mofcom.gov.cn.

中国在建项目网，http://projectinfo.bhi.com.cn/ .

中华人民共和国交通运输部，https://www.mot.gov.cn.

中华人民共和国教育部，http://www.moe.gov.cn.

中华人民共和国商务部，http://www.mofcom.gov.cn.

中华人民共和国商务部台港澳司，http://tga.mofcom.gov.cn.

中华人民共和国外交部，https://www.fmprc.gov.cn.

中华人民共和国中央人民政府，http://www.gov.cn.

中华人民共和国驻安哥拉共和国大使馆，http://ao.chineseembassy.org/.

中华人民共和国驻安哥拉共和国大使馆经济商务处，http://ao.mofcom.gov.cn.

中华人民共和国驻巴西联邦共和国大使馆，http://br.china-embassy.org/.

中华人民共和国驻东帝汶民主共和国大使馆，http://tl.chineseembassy.org/.

中华人民共和国驻佛得角共和国大使馆，http://cv.chineseembassy.org.

中华人民共和国驻几内亚比绍共和国大使馆，http://gw.china-embassy.org/.

中华人民共和国驻累西腓(巴西)总领事馆，http://recife.china-consulate.org/chn/.

中华人民共和国驻里约热内卢（巴西）总领事馆，http://riodejaneiro.chineseconsulate.org/.

中华人民共和国驻葡萄牙共和国大使馆，http://pt.china-embassy.org/chn/.

中华人民共和国驻圣保罗(巴西)总领事馆，http://saopaulo.china-consulate.org/.

中华人民共和国驻圣多美和普林西比民主共和国大使馆，http://st.china-embassy.org/chn/.

Instituto Nacional de Estatísticas（葡萄牙国家统计局），https://www.ine.pt.

International Monetary Fund（国际货币基金组织），https://www.imf.org.

图书在版编目(CIP)数据

中国葡萄牙语教学跨文化能力培养研究/高静然著. --北京:中国传媒大学出版社,2021.12

ISBN 978-7-5657-3102-0

Ⅰ.①中… Ⅱ.①高… Ⅲ.①葡萄牙语－教学研究－高等学校 Ⅳ.①H773.9

中国版本图书馆 CIP 数据核字(2021)第 264474 号

中国葡萄牙语教学跨文化能力培养研究

ZHONGGUO PUTAOYAYU JIAOXUE KUAWENHUA NENGLI PEIYANG YANJIU

著　　者 高静然
策划编辑 李水仙
责任编辑 李水仙
封面设计 大鹏设计
责任印制 李志鹏

出版发行 中国传媒大学出版社
社　　址 北京市朝阳区定福庄东街 1 号　　**邮　　编** 100024
电　　话 86-10-65450528　65450532　　**传　　真** 65779405
网　　址 http://cucp.cuc.edu.cn
经　　销 全国新华书店

印　　刷 唐山玺诚印务有限公司
开　　本 710mm×1000mm　1/16
印　　张 12.25
字　　数 188 千字
版　　次 2021 年 12 月第 1 版
印　　次 2021 年 12 月第 1 次印刷

书　　号 ISBN 978-7-5657-3102-0/H・3102　　**定　　价** 59.00 元

本社法律顾问:北京李伟斌律师事务所　郭建平